La gestion du risque pénal et de la conformité à 360° : de l'audit à l'audience

Droit privé et sciences criminelles

Collection dirigée par Yves Strickler

Créée fin 2011 par Yves Strickler et le *Centre d'études et de recherches en droit privé* (devenu le *Centre d'études et de recherches en droit des procédures* en 2013) de la Faculté de droit et science politique de Nice, la présente collection a pour vocation principale de publier des ouvrages en liaison avec le thème retenu pour dénomination de la collection. Cette dernière rassemble des recherches originales, tirées notamment de travaux de recherche, de manifestations scientifiques ainsi que d'ouvrages collectifs sur les interrogations actuelles que rencontre la science juridique, spécialement dans le domaine du droit privé et des sciences criminelles.

Dernières parutions

La notion de promoteur immobilier, Delphine Pelet, dir. scientifique du Professeur Blandine Mallet-Bricout, janv. 2022, 720 pp.
Le divorce du XXIe siècle (dir. Laetitia Antonini-Cochin et Marie-Cécile Lasserre), janv. 2022, 102 pp.
Justice et littérature. Nos gloires littéraires et leurs juges. De Chateaubriand à Zola, Marcel Foulon, déc. 2021, 546 pp
La responsabilité pénale du chef d'entreprise, Victoria Ligny, oct. 2021, 408 pp.
Émotion et sciences. Interactions *(dir. Yves Strickler, Marc Ortolani et Jean-Sylvestre Bergé), oct. 2021, 273 pp*
L'action civile en droit pénal des affaires (dir. Coralie Ambroise-Castérot), août 2021, 140 pp
Les juridictions au cœur des interactions sociales. Approche franco-russe (dir. Xavier Latour et Anne-Sophie Siew-Guillemin), avr. 2021, 184 pp
Le renouveau du droit des obligations. Perspectives franco-japonaises (dir. Gaël Chantepie, Mathias Latina, Aya Ohsawa), sept. 2020, 208 pp
Le droit et la science politique à l'épreuve des crises du XXIe siècle (dir. Nils Monnerie et Cloé Ponzo), juill. 2020, 192 pp
Nouvelles procédures civiles, nouvelles pratiques professionnelles ? Bilan et perspectives (dir. Natalie Fricero et Marie-Cécile Lasserre), juin 2020, 176 pp

David Marais

La gestion du risque pénal et de la conformité à 360° : de l'audit à l'audience

Interconnexion conformité/PEIE et droit pénal de l'entreprise

Préface de Jean-Pierre Raffarin
Postface de Jean-Charles Simon

L'Harmattan

5-7, rue de l'Ecole-Polytechnique, 75005 Paris

http://www.editions-harmattan.fr

ISBN : 978-2-343-25501-9
EAN : 9782343255019

PREFACE

Un temps réservé aux périodes de guerre, quand il fallait éviter que l'ennemi ne se renforce par des liens économiques avec des tiers, l'extraterritorialité a pris depuis 25 ans une dimension nouvelle, aujourd'hui aucune entreprise, grande ou petite, ne peut s'en désintéresser et doit l'intégrer dans sa démarche commerciale.

L'origine de cette extraterritorialité est américaine avec le *Foreign Corrupt Practices Act* (FCPA) de 1977 et les lois dites Helms-Burton et Amato-Kennedy, qui menacent de sanctions « toute personne » qui se livrerait à certains actes économiques avec Cuba et l'Iran.

Depuis, le périmètre couvert par l'extraterritorialité s'est considérablement élargi et se sont fait jour chez certains États des vocations à appliquer hors de leur territoire et à des ressortissants étrangers leurs lois nationales ou régionales. C'est vrai pour l'Union Européenne et, maintenant, pour la Chine avec des textes qui visent à riposter aux sanctions qui peuvent frapper indûment leurs entreprises et citoyens ou même à imposer des règles de comportement à l'égard de certains États ou sur certains sujets.

Face à ces nouveaux instruments juridiques et pratiques qui ne sont pas seulement destinés à protéger la morale mais qui sont devenus aussi des armes redoutables de guerre économique, les entreprises doivent non seulement être défendues par leurs États et leurs avocats en cas d'inculpation et de sanctions mais également se prémunir des risques encourus par une meilleure connaissance des textes et des jurisprudences en vigueur grâce à un travail préalable de vérification de conformité et de précautions à prendre. C'est un travail d'intelligence économique et juridique en amont et de veille durant l'exécution des contrats.

Une approche dite à 360° est donc indispensable afin d'allier la prévention à la défense, d'être accompagné dans cette *gestion du risque pénal à 360 degrés, de l'audit à l'audience*, pour reprendre le titre de l'ouvrage de Maître David Marais, spécialiste de ces questions au cabinet Simon Associés. Il faut naturellement avoir procédé à l'audit pour éviter l'audience, ou en tous cas, en atténuer les effets au cas où l'audit n'aurait pas suffi.

C'est une des nouveautés institutionnelles, qui se développe depuis quelques années, que d'avoir une approche véritablement intégrée des différents métiers au service de l'entreprise, notamment pour conserver et conquérir des marchés à l'exportation. Le législateur l'a compris et a permis ce décloisonnement qui permet une approche à 360°, tous azimuts.

Beaucoup reste à faire pour que l'extraterritorialité cesse d'être une arme diplomatique et économique aux mains de grandes puissances et mette en péril des entreprises de bonne foi, qui respectent la législation de leur pays. La tension américano-chinoise porte en elle-même la menace d'une extension de ce type de pratiques. Une approche européenne et multilatérale, en cours d'élaboration ou de renforcement, est une urgente nécessité. Elle doit être amplifiée et soutenue. C'est une dimension importante de la souveraineté de l'Europe qui est en train de se construire.

Les cabinets français doivent s'organiser et se doter des moyens humains adaptés pour préparer et accompagner nos entreprises, les mettre à l'abri de risques pénaux lourds découlant d'une extraterritorialité des lois qui se répand géographiquement et sectoriellement.

Il y a donc tout lieu de se féliciter d'initiatives publiques ou privées comme la publication de l'ouvrage de Maître David Marais, un guide utile pour nos entreprises, grandes comme petites, actives ou aspirant à l'être sur les marchés à l'exportation.

Jean-Pierre RAFFARIN
Ancien Premier Ministre

Sommaire

Introduction

Comment gérer le risque pénal dans l'entreprise ?

Enferrés entre les impératifs de respect de la règlementation - de toutes les règlementations serait plus juste tant elles sont nombreuses - et les risques d'être victimes d'une infraction (71 % des entreprises ont déclaré avoir subi une infraction sur la période 2017/2018), cette question les chefs d'entreprise les plus diligents se la posent tous les jours.

Les autres devraient se la poser tant les conséquences économiques, financières, réputationnelles et pénales (la plupart des dispositions pénales étant punies par des peines de prison) sont importantes et peuvent aller jusqu'à causer la perte de l'entreprise.

Pour faire face à ces risques d'être auteur ou victime d'infractions pénales deux *corpus* protecteurs sont apparus, chacun de leur côté, sur le marché et se sont imposés dans l'esprit des dirigeants privés ou publics nationaux ou internationaux : la « conformité » (ou « *compliance* ») - et plus généralement la « protection de l'entreprise et l'intelligence économique » (« PEIE ») - et le « droit pénal de l'entreprise » (« DPE »).

Mais ces solutions sont jusqu'à présent séquencées, séparées, tant en théorie qu'en pratique : la PEIE, et ses experts, servant au stade de la prévention ; le DPE, et l'avocat pénaliste qui le maitrise, n'intervenant qu'au stade de la répression - dans une dichotomie temporelle qui n'a plus lieu d'être.

PEIE et DPE sont en effet complémentaires, chacune de ces « boîtes à outils » servant tant à la prévention des infractions qu'à la phase contentieuse si elles surviennent. Elles sont de plus interconnectées voire interactives : les solutions du DPE servant dès le stade de la mise en place des mesures de protection de l'entreprise, et les techniques de la PEIE, notamment le renseignement économique, servant à améliorer l'efficacité du DPE.

Cette complémentarité et cette interaction ne sont aujourd'hui ni mises en avant ni, pire, même souvent conscientisées, alors qu'elles sont, pour celui qui pratique les deux matières, évidentes et essentielles en pratique.

En effet, seule la maîtrise totale de cette complémentarité permet une gestion du risque pénal à 360°, de l'audit à l'audience, qu'il est possible, et temps, d'atteindre.

Le démontrer en théorie (Partie I) avant de mettre en pratique cette gestion à 360° de façon concrète (Partie II), tel est le but du présent guide.

David MARAIS
Avocat,
Associé du cabinet SIMON ASSOCIES
Ancien Secrétaire de la Conférence
Expert en Protection de l'Entreprise et Intelligence Economique

PARTIE I (THEORIQUE)
De la PEIE au droit pénal de l'entreprise, une gestion du risque pénal à 360° : comprendre l'interaction

Pour comprendre la complémentarité et l'interaction entre la PEIE et le DPE permettant la gestion du risque pénal à 360° (III), il convient tout d'abord de définir et d'analyser ces notions (I et II).

Chap. 1 - Le droit pénal de l'entreprise

Section 1 : le droit pénal de l'entreprise, fonction principale

Section 2 : Le droit pénal de l'entreprise, fonction support

Chap. 2 - La PEIE et la conformité

Section 1 : La PEIE : vision globale de la protection et la conformité : concept connu et reconnu

Section 2 : Focus loi SAPIN II

Section 3 : Focus devoir de vigilance

Section 4 : Focus hygiène, sécurité, environnement (HSE)

Section 5 : Focus sur les *due diligences*

Section 6 : Autres lois de protection de l'entreprise

Chap. 3 - Interconnexion entre PEIE et DPE : la gestion du risque à 360°

Section 1 : Interconnexion PEIE/DPE

Section 2 : Interconnexion PEIE/DPE : quand la PEIE a besoin du DPE

Section 3 : Interconnexion PEIE/DPE : quand le DPE a besoin de la PEIE

Section 4 : La gestion du risque pénal à 360°

CHAPITRE 1
Définition du droit pénal de l'entreprise et des conditions de son intervention : fonction principale et fonction support

Section 1 : Le droit pénal de l'entreprise, fonction principale

Le droit pénal de l'entreprise est un vocable utilisé pour regrouper toutes les infractions pénales disséminées à travers notre système juridique mais ayant pour objet direct ou indirect le monde des affaires et comme sujet principal, l'entreprise et, à travers elle, ses dirigeants, associés ou parties prenantes publiques ou privées, qui peuvent en être ainsi **auteur(e) s ou victimes**.

Au cœur de ce dispositif, **le droit pénal des affaires et le droit pénal du travail** et leurs risques sont aujourd'hui bien identifiés par les entreprises qui n'hésitent plus à s'entourer de spécialistes pour éviter de les subir. Ils ne sont toutefois pas les seuls.

Le droit pénal de l'entreprise peut ainsi intégrer toute infraction pouvant concerner une société quelle que soit son activité :

- Les infractions de droit commun applicables aux entreprises (faux en écritures et usage de faux, escroquerie, abus de confiance, vols, association de malfaiteurs et organisation criminelle),
- Le blanchiment de capitaux, le financement du terrorisme,
- Le droit pénal du travail (accidents du travail, traite des êtres humains, dumping social, détachement de travailleurs, harcèlement, discrimination),
- Le droit pénal des sociétés (abus de biens sociaux, corruption, accès à la profession, interdictions professionnelles, banqueroute, organisation frauduleuse d'insolvabilité),
- Le droit pénal de la presse (droit de réponse, diffamation),
- Le droit pénal financier (abus de marché, délit d'initié, escroquerie bancaire…),
- Le droit pénal de la fonction publique (corruption publique, infractions commises par des fonctionnaires, prise illégale

d'intérêt, entrave aux marchés publics, interdiction de soumissionner…),

- Le droit pénal des consommateurs (tromperie, pratiques trompeuses…),

- Le droit pénal fiscal et le droit pénal comptable,

- La cybercriminalité et les fraudes informatiques (atteintes aux STAD…).

L'analyse de ces infractions et de leurs conditions de survenance seront plus précisément décrites dans la partie pratique de ce guide (Partie II).

Section 2 : Le droit pénal de l'entreprise, fonction support

Le droit pénal est un enjeu, un risque ou un outil dans chaque matière. Toutefois, il est évident que le pénaliste ne peut être spécialiste des arcanes de chaque droit existant, il interviendra donc une partie du temps uniquement en support.

1. Le DPE en support et complément de droits particuliers

En effet, chaque entreprise va, en fonction de son activité, se trouver soumise à l'application de lois ou de normes particulières : droit de l'environnement, droit du transport, droit médical, droit de l'urbanisme... Chacun de ces droits porte, pour lui permettre d'être respecté, des sanctions pénales réprimant toute violation des obligations imposées.

Dans cette hypothèse, le DPE, ou plus précisément son praticien, n'interviendra qu'en soutien du spécialiste du droit en cause, interne (responsable HSE, DRH, DAF, directeur juridique...) ou externe (avocat spécialiste). Toutefois, cette implication du pénaliste est importante, son intervention dès l'origine lui permettant d'éviter la commission d'erreurs pouvant se révéler dramatiques.

En support, l'équipe pénale peut intervenir auprès des équipes spécialisées de manière plus ou moins intégrée :

i) elle peut d'abord servir de « **boîte à outils procédurale** » sur des questions précises ;

ii) enfin en cas de poursuite pénale dans un dossier à compétence spécifique (droit de l'environnement, droit fiscal, NTIC, médical, droit public des affaires...), le pénaliste pourra intervenir **comme partenaire** du spécialiste, sur les problématiques de procédure pénale et pour sa connaissance et sa maîtrise de la pratique policière et judiciaire.

2. Le DPE en soutien aux praticiens des autorités de régulation

Le pénaliste peut également venir **en soutien du *regulatory*** dont les autorités de contrôle (AMF, Autorité de la concurrence, autres autorités administratives indépendantes...) développent un véritable droit « quasi pénal »[1], leurs procédures étant de plus en plus calquées sur la procédure pénale (censée être la plus protectrice des droits de la défense) et donc soumises aux mêmes impératifs juridiques.

---

1 Appelé également « droit administratif répressif » ou plus largement « matière pénale » par la Cour Européenne des Droits de l'Homme (CEDH 8 juin 1976 Engel et autres c. Pays-Bas, 5100/71 ; 25 août 1987 Lutz c. Allemagne, 9912/82 ; 21 février 1984 Ozturk c. Allemagne, 8544/79) puis par la Cour de cassation (chambre commerciale, 18 juin 1996, n°94-14.178, Bull. IV n°179) (et le Conseil d'Etat (CE. 3déc. 1999 Didier n°207434) bien que les trois termes continuent de vivre dans la doctrine française.

CHAPITRE 2
Définition de la PEIE, de la Conformité et rappel des obligations de vigilance principales

Section 1 : La PEIE : vision globale de la protection et la conformité : concept connu et reconnu

1. Petit rappel historique

Si la guerre et l'espionnage économique ont sans doute existé dès les premiers échanges commerciaux, pour se développer en pratique comme en pensée (Machiavel, Colbert, les mercantilistes…) au fur et à mesure que la compétition économique se « globalisait » et s'intensifiait avec les avancées techniques (du bleu et des miroirs au mercure de Venise[1] aux nouvelles technologies) ou avec les conquêtes maritimes et territoriales (Empire romain, route de la soie, foires du moyen âge, domination vénitienne du XIIème, ouverture vers le nouveau monde au XVème siècle, territoire numérique ou espace aujourd'hui…), le concept d'intelligence économique est plus récent.

Le concept d'intelligence économique (« IE ») et sa mise en pratique sont nés au Japon après la seconde guerre mondiale, de la coopération au sein du célèbre « MITI » (ministère du commerce international et de l'industrie et son service le « JETRO ») entre les services de renseignement militaire et les grandes entreprises dans une indiscutable envie de revanche - économique à défaut de pouvoir être militaire.

Prenant conscience de la montée en puissance aussi rapide qu'importante de ce Japon qu'ils avaient pourtant vaincu et mis au pas, les USA tentèrent de comprendre[2] puis réagirent. Bill CLINTON créera ainsi un « conseil économique national », qu'il placera aux côtés de son « conseil sur la sécurité nationale », dont le centre opérationnel est *l'Advocacy Center*, chargé d'aider les entreprises américaines à conserver ou conquérir des marchés. Les services de renseignement, modernisés et réorganisés, viendront en soutien de ces conseils, dans des proportions

---

[1] Venise avait le monopole du savoir-faire quant au bleu des vitraux et de la fabrication des miroirs au mercure depuis le XVème siècle. Le savoir-faire nécessaire à leur complexe fabrication en fait un produit luxueux et coûteux. Mais la cité des Doges garde bien ses secrets : sa police parque sous surveillance ses miroitiers sur l'île de Murano. Avec interdiction de divulguer les formules de fabrication sous peine de mort. Au XVIIeme siècle Louis XIV voulant une galerie des glaces à Versailles mais ne voulant pas traiter avec Venise, parviendra à « exfiltrer » et « s'acheter » 4 maîtres verriers vénitiens dont… 3 furent tués par Venise. Venise protégea ainsi farouchement son avantage concurrentiel face à une politique claire d'espionnage économique.

[2] Rapport « JAPAN 2000 », CIA, 1991.

d'ailleurs surprenantes[1]. La doctrine française suivra quelques années plus tard[2].

L'IE garde de cette histoire, même au civil, un indéniable côté « guerrier » ou du moins « combatif », clé de survie ou de règne dans le darwinisme économique du marché.

Face à ces actions « offensives », il a fallu, bien entendu, développer des moyens de protection et de défense contre les agressions extérieures (Etats, concurrents, ou aujourd'hui cyber-attaques...) ou les ennemis de l'intérieur (sabotage, vol de biens ou de secrets, détournements de fonds ou de fichiers...).

S'est ajouté à cet environnement premier, les mouvements successifs de la *corporate governance*[3], du *regulatory*[4], puis des exigences éthiques[5], sociales et environnementales (RSE[6]) qui font désormais peser sur l'entreprise la nécessité de s'assurer de son respect permanent des normes légales, règlementaires voire parfois simplement morales et d'être ainsi « conforme » ou « *compliant* ».

Il a ainsi fallu développer des outils, non plus seulement pour faire face aux agressions externes ou internes subies, mais également pour empêcher toute infraction commise par l'entreprise.

2. La PEIE et la conformité aujourd'hui

La protection des entreprises et l'intelligence économique (« PEIE ») peuvent se définir ainsi :

- La **protection des entreprises** correspond à la mise en place de moyens techniques ou juridiques permettant de connaître, d'anticiper, de

---

[1] Si l'on en croit E. SNOWDEN, 65% des capacités seraient utilisées à des fins d'espionnage économique.

[2] Rapport du Commissariat général du plan, dir. H. MARTRE, doc. franç., 1994, p. 33.

[3] Sur l'historique de ce concept v. Jurisclasseur com. Fasc. 1350, *Gouvernance des sociétés*, par J-M Moulin.

[4] Cf. *Les sources de l'éthique des affaires*, P. Deumier in Mel. Le Tourneau, parmi lesquelles figurent en bonne place les autorités de régulation.

[5] V. *L'éthique de l'entreprise*, étude de F. Buy et J. Theiron, JCP E, n°25, 1359.

[6] RSE portant l'idée d'une entreprise « *citoyenne, dont l'activité, au-delà des contraintes légales, peut et doit intégrer une dimension éthique dans les domaines sociaux et environnementaux* », v. *Responsabilité sociale des entreprises*, Rep. Dalloz sociétés, par F-G Trebulle.

diminuer voire d'anéantir le risque pénal (comme victime ou comme auteur d'infractions) pesant sur l'entreprise. Cette notion intègre ainsi, dans notre vision de sa définition, les fonctions de « *compliance* » ou de « *conformité* » quel que soit leur objet (anticorruption, HSE, autre risque ayant des conséquences pénales).

- **L'intelligence économique** est la collecte, le traitement et la diffusion d'informations stratégiques aux décideurs économiques, en vue de la protection, de l'influence ou d'actions ; il s'agit de « *donner la bonne information, au bon moment, au bon décideur, pour prendre la bonne décision* ». Elle nécessite une certaine proximité et travail commun avec les services publics ou privés de renseignement pour atteindre ce but.

La **PEIE** est donc une « ***boîte à outils*** » - ou un « ***mot valise*** » - intégrant tous les moyens de détecter, prévenir, et, si possible, éliminer les risques pesant sur l'entreprise (pour son aspect **défensif** « protection des entreprises »), voire de rechercher, de trouver, d'analyser et d'utiliser les « bonnes informations » permettant de prendre ou reprendre un avantage sur un concurrent ou un adversaire (dans son aspect **offensif** « intelligence économique »).

Parmi ces moyens permettant à la PEIE de se déployer au profit de l'entreprise citons (leur utilisation pratique sera vue Partie II) :

- l'audit des risques ;
- la cartographie des risques ;
- la veille stratégique ;
- les « *due diligences* » ;
- le « *Know Your Customer* » ;
- la maîtrise du personnel « sensible » ;
- la hiérarchisation de l'accès à l'information ;
- les investigations internes ;
- l'influence ;
- la protection du patrimoine matériel (lutte contre le vol ou les détournements) ;
- la protection du patrimoine immatériel ;
- la protection des dirigeants ;
- les chartes éthiques ou guides de bonne conduite ;
- la mise en place de *risk manager ;*
- la mise en place de services *compliance* ou conformité.

Dans cette « boîte à outils », la fonction **de conformité**[1] (ou *compliance*[2]) est une fonction essentielle qui identifie, évalue, et contrôle en interne le risque de non-conformité de l'entreprise, défini comme le risque de sanction judiciaire, administrative ou disciplinaire, de perte financière significative, ou d'atteinte à la réputation, qui naît du non-respect des dispositions applicables, qu'elles soient de nature législative ou règlementaire, ou qu'il s'agisse de normes professionnelles et déontologiques, ou d'instructions de l'organe exécutif[3].

On comprend d'ores et déjà que la maîtrise de la mise en place de ces moyens de protection, puis le partenariat avec les fonctions clés ainsi déployées, permettent au pénaliste d'intervenir dès le stade primordial de la prévention du risque pénal.

La fonction conformité s'est développée notamment sous trois aspects importants aujourd'hui qui méritent une étude plus approfondie : la lutte contre la corruption, la « responsabilité sociétale de l'entreprise » (RSE) et sa déclinaison juridique : la vigilance, et le respect des règles liées à « l'hygiène, sécurité, environnement » (HSE).

---

[1] *La fonction conformité dans l'entreprise*, Fiche conseil Dalloz.

[2] *Compliance : l'entreprise, le régulateur, le juge*, ouvr. Coll. Sous Dir. N. Borga, Dalloz Ed., 2018 ; *L'éthique et la conformité dans les entreprises françaises : état des lieux d'un outil de guerre économique*, V. Fauvel, Portail de l'IE, 27.01.21.

[3] Sur la souplesse nécessaire dans la « norme » à respecter pour être « *compliant* » : *Compliance :* l'entreprise, le régulateur, le juge, spec. *Propos introductifs - La compliance, un progrès, p*ar J-C. Marin.

Section 2 : Focus loi SAPIN II

1. Contexte de la loi

La loi n° 2016-1691du 9 décembre 2016 dite « SAPIN II » est née sous une triple influence, voire une triple pression :

i) volonté des Etats d'améliorer les outils de lutte contre les mauvaises pratiques, notamment à l'échelle internationale[1] ; la loi SAPIN II s'inscrit ici dans un *continuum* allant de la transposition des directives sur la lutte contre le blanchiment à la Loi n° 2017-399 du 27 mars 2017 relative au devoir de vigilance ;

ii) volonté de conformité des entreprises ;

iii) nécessité d'avoir un outil interne permettant de faire échec à l'application extraterritoriale, pour ne pas dire plus[2], des lois américaines dont on peut suspecter que, sous couvert de l'éthique, elles aient pu servir les intérêts économiques US[3].

2. Grandes lignes de la réforme

La loi SAPIN II introduit ou renforce dans notre droit cinq grands points[4] :

i) l'obligation générale de prévention et de détection de la commission, en France ou à l'étranger, des faits de corruption ou de trafic d'influence ;

---

[1] *Rapport de l'Assemblée Nationale relatif à la transparence, à la lutte contre la corruption et à la modernisation de la vie économique* du 26 mai 2016, n° 3785 et 3786.

[2] « *Sous couvert de lutte contre le terrorisme, l'extraterritorialité du droit américain est une arme de guerre économique* », Le Monde 30.12.19 ; *Les objectifs du projet de loi Sapin II,* Cahiers de droit de l'entreprise n° 3, Mai 2016, entretien 3.

[3] *Le piège américain*, F. Pierrucci, M. Aron, Latès, 2019 ; *Rétablir la souveraineté de la France et de l'Europe et protéger nos entreprises des lois et Mesures à portée extraterritoriale,* Rapport au Gouvernement sous la dir. de M. Gauvain, 26.06.2019 ; *L'éthique et la conformité dans les entreprises françaises : état des lieux d'un outil de guerre économique*, V. Fauvel, Portail de l'IE, 27.01.2021.

[4] Cf. guide MEDEF, Dispositif de la loi SAPIN II.

ii) l'écoute des lanceurs d'alerte impliquant l'obligation pour les entreprises de mettre en place des procédures de recueil des alertes éthiques permettant notamment d'assurer leur confidentialité et leur protection ;

iii) l'introduction dans le Code de procédure pénale d'une disposition permettant de conclure une convention judiciaire d'intérêt public ;

L'une des plus grandes innovations de la loi Sapin II, et sans doute la plus attendue, a été la convention judiciaire d'intérêt public (CJIP) définie comme une mesure alternative aux poursuites permettant à une personne morale de transiger avec le procureur de la République sans reconnaissance de culpabilité.

Calquée sur le modèle américain du *Deffered Prosecution Agreement* (DPA)[1] prévu par le *Foreign Corrupt Practicies Act* (FCPA), la CJIP a été une forme de réponse des pouvoirs publics français à la problématique d'extraterritorialité américaine afin de permettre une « appréhension des affaires importantes » par les autorités françaises[2].

Depuis l'entrée en vigueur de la loi Sapin II, le bilan des CJIP conclues s'élève à trois, ce qui a permis au Trésor public de collecter plus de 3 milliards d'euros. La plus remarquable des trois est, de loin, la CJIP conclue avec Airbus en 2020 et ce, non seulement en raison des montants qui sont en jeu (environ deux milliards), mais aussi en raison de sa dimension internationale. En effet, il s'agit du premier accord qui a permis de mettre autour de la table l'AFA et les autorités américaine et britannique : le *Department of Justice* (DOJ) et le *Serious Fraud Office* (SFO)[3].

iv) la création d'une Agence française anticorruption (AFA), dotée de prérogatives étendues ;

---

[1] *France Issues Inaugural Convention Judiciaire d'Intérêt Public, the Non-Identical Twin of the United States' Deferred Prosecution Agreement*, L. Perkins, M.A. Nicolas, Revue Internationale de la Compliance et de l'Éthique des Affaires n° 1, Mars 2018, comm. 38.

[2] *Étude comparative des CJIP : bilan et perspectives*, E. Daoud et H. Partouche, Dalloz Actualités, 27 avr. 2020.

[3] *De l'intérêt (privé) d'agréer une CJIP, consécutivement à un fait de corruption*, M. Segonds, Revue Internationale de la Compliance et de l'Éthique des Affaires n° 6, Décembre 2020, dossier 233 ; *Les enseignements de l'affaire Airbus sur la souveraineté de la France*, S. De Giovanni, Lettre de la Compliance janv. Mars. 2020.

L'AFA est un service à compétence nationale placé sous l'autorité conjointe des ministres de la Justice et de l'Economie. Elle a à sa tête un magistrat de l'ordre judiciaire.

A l'instar des autres « entités de régulation », l'AFA dispose d'une commission des sanctions ayant pour mission de prononcer des sanctions pécuniaires ou d'enjoindre aux entreprises de se mettre en conformité avec leurs obligations en matière de corruption.

Les sanctions pécuniaires peuvent se matérialiser par une amende d'un montant de 200 000 euros pour les personnes physiques et de 1 million pour les personnes morales. Depuis l'entrée en vigueur de la loi, la commission de sanctions a eu se prononcer, à deux reprises, sur la conformité des dispositifs anticorruption sans condamner les entreprises poursuivies à des sanctions pécuniaires[1]. Elle a par ailleurs prononcé une décision relative à l'exécution d'une injonction de mise en conformité en juillet 2021[2]. En plus d'être une autorité qui contrôle (ce que nous évoquerons ultérieurement), l'AFA s'est vu octroyer la mission de donner un éclairage aux entreprises, à travers ses recommandations sur la façon de concevoir leurs programmes anti-corruption.

Trois ans après sa création, l'AFA s'est lancée dans « une démarche d'actualisation » de ses premières recommandations. Les nouvelles guidelines, publiées sur le site de l'AFA le 12 janvier 2021[3], annulent et remplacent celles publiés en 2017, depuis son entrée en vigueur en juillet 2021. Un guide à destination des PME est également à l'étude.

v) l'extraterritorialité de la loi française en matière de délits de corruption et de trafics d'influence actifs et passifs[4].

---

[1] *3 enseignements à retirer de la décision Imerys*, S. De Giovanni, Lettre de la Compliance janv. Mars. 2020.

[2] Décision n°19-2, Société I. SA, du 7 juillet 2021.

[3] JORF numéro 0010 du 12 janvier 2021, voir sur https://www.agence-francaise-anticorruption.gouv.fr/fr/recommandations.

[4] Art. 435-6-2 code pénal ; *Loi Sapin 2 - Politique anti-corruption : quelle responsabilité de la société-mère depuis l'entrée en vigueur de la loi Sapin 2 ?* - Entretien par C. AMAYEN et F. TREVISANI, Droit des sociétés n° 10, Octobre 2017, entretien 1.

3. Les huit piliers du dispositif de prévention et de détection de la corruption et du trafic d'influence prévus par la loi

L'obligation générale de prévention et de détection de la commission, en France ou à l'étranger, des faits de corruption ou de trafic d'influence s'impose aux sociétés et aux groupes dont le siège est en France ayant 500 salariés ET plus de 100 millions d'euros de chiffre d'affaires, sous la forme de huit exigences.

Ces huit piliers se déclinent ainsi :

i) mise en place d'un code de conduite anti-corruption ;

ii) déploiement d'un dispositif d'alerte interne pour recueillir les signalements émanant des salariés ;

iii) mise en place d'une cartographie des risques et d'un plan d'action pour identifier, hiérarchiser, analyser, suivre et mettre à jour ces risques ;

iv) déploiement d'un processus de *due diligences* (procédures d'évaluation de la situation des clients, fournisseurs de premier rang et intermédiaires au regard de la cartographie des risques) ;

v) mise en place des procédures de contrôle comptable, internes ou externes, destinées à s'assurer que les livres, registres et comptes ne sont pas utilisés pour masquer des faits de corruption ou de trafic d'influence ;

vi) mise en place d'un dispositif de formation destiné aux cadres et aux personnels les plus exposés aux risques de corruption et de trafic d'influence ;

vii) déploiement d'un régime disciplinaire permettant de sanctionner les salariés de la société en cas de violation du code de conduite de la société ;

viii) et enfin mise en place d'un dispositif de contrôle et d'évaluation interne des mesures mises en œuvre.

Les 8 mesures relatives à l'obligation de prévention et détection de la corruption selon SAPIN II

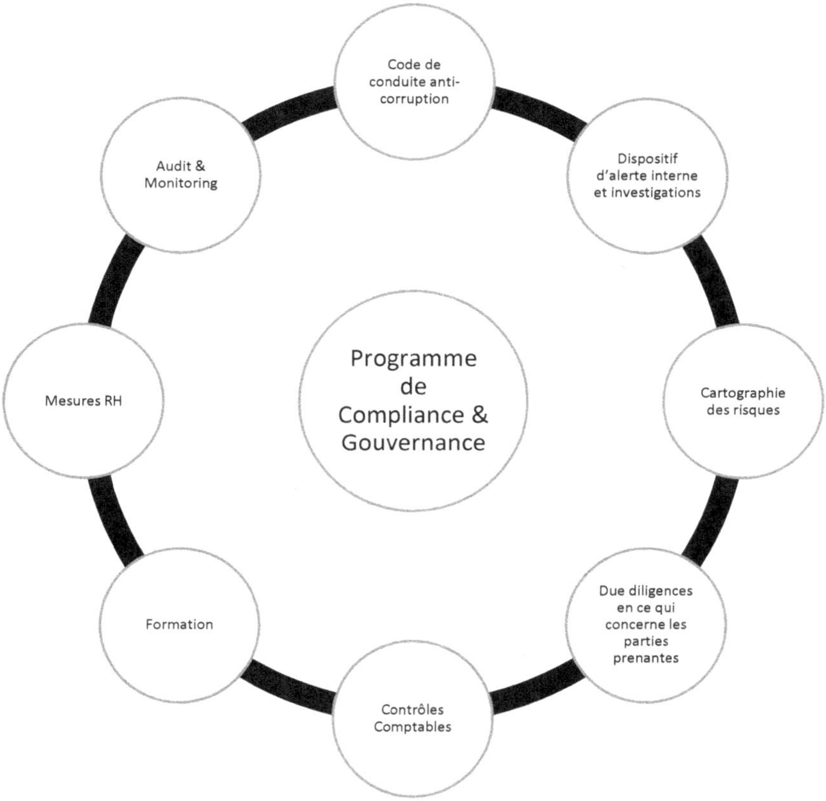

Outre ces huit exigences, l'Agence Française Anticorruption fait de l'engagement de l'instance dirigeante de prendre les mesures destinées à prévenir et à détecter la commission des faits de corruption, le premier pilier de ses nouvelles recommandations 2021.

4. Les contrôles de l'Agence Française Anticorruption (AFA)

La loi Sapin II autorise l'AFA à contrôler les acteurs privés et publics assujettis à cette loi. Les objectifs de ce contrôle consistent à vérifier l'existence du dispositif anticorruption, sa pertinence et son effectivité dans l'activité quotidienne de l'entité, ainsi qu'à s'assurer que l'exposition aux risques de corruption est la plus faible possible.

Afin de déterminer les assujettis qui seront contrôlés, l'AFA se fonde sur différents critères, à savoir :

- Les signalements reçus ;
- L'appartenance à un secteur sensible ;
- La présence géographique dans des territoires particulièrement exposés ;
- La dimension de l'assujetti.

Ces contrôles mobilisant les équipes de manière importante, il est essentiel de sensibiliser les instances dirigeantes et les opérationnels à ceux-ci, à leurs enjeux et leurs modalités.

4.1. Le droit des agents

Les agents de contrôle ne disposent pas de pouvoirs de police judiciaire ni de pouvoirs coercitifs. Ils disposent toutefois d'un droit de communication concernant tous les documents professionnels et toutes les informations utiles au contrôle. Afin de vérifier l'exactitude des informations, les agents de contrôle ont un droit d'accès aux locaux professionnels de l'entité contrôlée. Ils peuvent demander à s'entretenir avec toute personne dont le concours leur paraît nécessaire tels que les représentants de l'entité, les actionnaires, les membres du conseil d'administration, les collaborateurs, les intermédiaires, les fournisseurs, les clients, etc.

Enfin, au titre de l'article 40 du code de procédure pénale, les agents doivent signaler au procureur de la République tout fait susceptible de constituer un crime ou un délit dont ils ont eu connaissance dans l'exercice de leurs missions, qu'il s'agisse ou non de faits de corruption.

A ce titre, l'assistance d'un avocat pénaliste permet de déterminer en amont les informations susceptibles de porter préjudice à l'entreprise si ces dernières sont remises aux agents.

4.2. Le déroulement du contrôle d'initiative

Après avoir ciblé l'assujetti à la loi Sapin II qui fera l'objet d'un contrôle, l'AFA envoie une notification de contrôle à l'entreprise ou à l'acteur public[1] ainsi qu'un questionnaire, actualisé en juillet 2021.

Ce questionnaire, comprenant désormais 174 questions, est disponible sur le site internet de l'agence et peut être préparé en amont du contrôle, ce qui est fortement conseillé en raison du court délai laissé pour y répondre (30 jours).

Une fois ce questionnaire transmis, l'agence opère un contrôle sur pièces avant de mettre en place des ateliers de travail. Ces ateliers peuvent concerner l'ensemble des mesures du programme anticorruption mais il arrive fréquemment que cela concerne la cartographie des risques de corruption, l'évaluation des tiers, les contrôles comptables et les contrôles internes. L'agence y demande de très nombreuses pièces complémentaires et pose des questions ciblées.

Par la suite, l'agence met en œuvre un contrôle sur place durant lequel elle est amenée à tenir des entretiens. L'agence peut se faire assister par des experts tels que des avocats ou des cabinets d'audit même si cela reste rare.

Afin de préparer au mieux ces entretiens, il est nécessaire de définir en amont les modalités d'organisation des entretiens avec l'agence, notamment la langue utilisée, la présence du responsable de la conformité, la présence de l'avocat, le périmètre, etc. Chaque personne interrogée doit avoir une bonne connaissance du dispositif anticorruption et des risques spécifiques à son activité, sa fonction, son département, etc.

A l'issue de ce contrôle, elle effectue une réunion de fin de contrôle et elle élabore un rapport de contrôle provisoire qu'elle soumet à une phase contradictoire durant laquelle peuvent avoir lieu des entretiens et peuvent être transmises des observations. Un rapport définitif de contrôle sera enfin transmis à l'assujetti contrôlé.

---

1 Il est discuté d'un transfert du contrôle des entités publiques vers l'HATVP (proposition de loi n°4586 du 19.10.2021).

L'agence peut émettre des observations et des recommandations, ainsi que mettre en avant des manquements. Si un manquement est constaté, le Directeur de l'AFA met en demeure l'entité contrôlée par lettre recommandée avec accusé de réception de lui faire parvenir ses observations écrites dans un délai de deux mois à compter de la date figurant sur l'avis de réception. L'entité contrôlée a deux mois pour adresser des observations et demander un entretien pour présenter ses observations oralement. Ces observations peuvent également être faites en l'absence de manquements.

Le Directeur peut *in fine* adresser un avertissement à l'entité contrôlée ou la renvoyer devant la Commission des sanctions.

4.3. Le contrôle de suites

Les contrôles de suites portent sur la mise en œuvre des recommandations formulées à l'issue d'un contrôle d'initiative, le cas échant après un avertissement émis par le directeur de l'AFA.

Ce nouveau contrôle peut intervenir après un contrôle d'initiative pendant le délai de prescription de l'action de l'agence, à savoir 3 ans à compter de la constatation d'un manquement.

A l'issue des contrôles de suites, tant les manquements déjà constatés que les nouveaux manquements sont susceptibles de donner lieu à une saisine de la Commission des sanctions.

Le rôle de l'avocat pénaliste

L'avocat pénaliste conseille l'entreprise, en amont du contrôle, notamment lors de la mise en place et de la mise en œuvre du programme anticorruption mais également lors de séances de préparation en vue d'un contrôle. Ces séances permettent d'anticiper les réponses qui pourront être fournies lors de l'envoi du questionnaire, de faire une revue des différents documents à transmettre, et permettent de préparer les dirigeants, managers et opérationnels susceptibles d'être auditionnés dans le cadre du contrôle sur place.

Cette préparation est d'autant plus essentielle que l'avocat peut, dans la plupart des cas, assister aux auditions menées par l'AFA. Sa présence permet également une prise de notes qui pourra s'avérer utile lorsqu'il s'agira d'envoyer des observations pour donner suite au rapport provisoire de fin de contrôle.

A l'issue du contrôle, et lors de la remise du rapport provisoire, l'avocat peut rédiger des observations sur les éventuels manquements, recommandations, et observations émis par l'AFA. L'avocat peut également émettre ces observations à l'oral devant le Directeur de l'AFA.

Si d'aventure l'entreprise était renvoyée par devant la Commission des sanctions de l'AFA, l'avocat pénaliste peut l'assister et la représenter tout au long de la procédure. Il en ira de même en cas de poursuites pénales à la suite d'une dénonciation, par l'AFA, de faits délictueux découverts lors de son contrôle

Au regard de la matière visée par la loi, la corruption et le trafic d'influence, il est évident que le regard du pénaliste sera important tant pour la rédaction, la mise en œuvre pratique, que l'évaluation de chacun des process de l'entreprise et, qu'inversement, ceux-ci permettront d'éviter ou de détecter des infractions pénales dont il devra s'occuper.

Il aura de plus une place toute particulière en cas de contrôle de l'AFA, d'alerte et/ou de lancement des processus de sanction étant tout à la fois en capacité de mener les investigations internes nécessaires à l'établissement du bien-fondé des accusations que de traiter les procédures judiciaires, pénales, sociales ou autre, contre le fautif éventuel. Cette interaction au service de la lutte anticorruption est un exemple archétypal de l'interdépendance plus générale qui existe entre DPE et PEIE.

Section 3 : Focus devoir de vigilance

1. Contexte de la loi

La loi n° 2017-399 du 27 mars 2017 dite « loi relative au devoir de vigilance » fait écho au drame du Rana Plaza ayant eu lieu le 24 avril 2013 au Bangladesh[1]. Cet évènement a été le catalyseur d'une remise en cause par l'opinion publique à la fois du modèle actuel de consommation à grande échelle (et plus particulièrement de la *fast fashion*) et du fonctionnement de la chaine de production considérée comme étant trop opaque[2].

Si les préoccupations relatives aux enjeux sociaux, environnementaux et sociétaux ne sont pas nouvelles, elles étaient surtout prises en charge dans le cadre de l'auto-régulation, de ces normes édictées par les entreprises elles-mêmes pour elles-mêmes (RSE, chartes éthiques[3], *corporate governance*), mais cette « *soft law* » s'est révélée insuffisante car non-contraignante[4].

De la *corporate governance* à la loi vigilance, en passant par la RSE

Née dans les années 90 aux Etats-Unis la *corporate governance* est un mouvement d'autorégulation qui a eu pour but d'améliorer la gestion des entreprises d'abord en interne (régulation des fonctions des dirigeants, contrôle de ces dirigeants, rémunérations, conflits d'intérêt, administrateurs indépendants…), puis vers les actionnaires (*shareholders* : informations accrues des actionnaires, *proxy advisors*, droit de poser des

---

[1] L'effondrement, le 24 avril 2013, du bâtiment de Rana Plaza a causé la mort de plus de 1000 travailleurs du domaine du textile et se classe parmi les « *drames les plus meurtriers du travail* ». A cette occasion, des grandes marques telles que Benetton, Auchan, Camaïeu… dont les étiquettes sont retrouvées dans les décombres, ont été pointées du doigt. Le Bangladesh est l'un de plus gros exportateurs du textile dans le monde (29,3 milliards de dollars en 2017 selon l'OMC) mais aussi l'un des pays où les « mauvaises pratiques » et les « dérives » en matière de condition de travail prolifèrent.

[2] Cf. Le Monde, 26.05.2013, *Rana Plaza, la mort de l'industrie*, Chronique de A. Hatchuel.

[3] E. Drai, *RSE : un mouvement créateur de valeur*, PA, n° 54, p/ 4.

[4] V. Conseil d'Etat, étude annuelle 2013, *« Le droit souple »* qui prédisait que son « *effectivité ne saurait être postulée* ».

questions, consultations...) puis enfin les partenaires, salariés, fournisseurs et cocontractants (*stakeholders*)[1].

Dans ce dernier mouvement vers les partenaires, la RSE s'est développée comme un « *concept dans lequel les entreprises intègrent les préoccupations sociales, environnementales et économiques dans leurs activités et dans leurs interactions avec les parties prenantes sur une base volontaire* »[2].

Elle résume ainsi l'ensemble des obligations qu'une entreprise accepte de se donner à elle-même, au-delà des exigences légales, et aux fins d'améliorer les conditions de travail, de lutter contre la discrimination, de promouvoir la santé au travail, la diversité et la mixité des équipes, de respecter les droits humains, l'éthique ou l'environnement.

C'est ainsi qu'une entreprise peut se doter d'outils de médiation, de chartes ou de comités d'éthique, d'obligations d'audit internes ou des partenaires quant aux respects des droits humains, de guides de bonnes pratiques, de dispositifs d'alerte...[3]

Sous l'influence de nombreux acteurs tels que les ONG, le législateur français a souhaité aller plus loin dans la démarche en créant, au profit des sociétés mères et des entreprises donneuses d'ordre, de réelles obligations juridiques dont le non-respect serait lourdement sanctionné et ce, dans le but d'anticiper les risques et de « *prévenir les atteintes graves envers les droits humains et les libertés fondamentales, la santé et la sécurité des personnes ainsi que l'environnement* ».

Au cœur de cette nouvelle approche, qui suggère l'intégration effective du concept de Michel Foucault de la Gouvernementalité en droit positif (comme le prédisait le Professeur Charley Hannoun depuis sa thèse visionnaire sur « *le droit et les groupes de sociétés* »[4]), la recherche de cet objectif vertueux, et les obligations qui permettent d'atteindre ce but, s'étendent à l'activité du groupe entendu largement mais aussi aux co-

---

[1] *Principes de gouvernement d'entreprise*, OCDE 2004.

[2] Livre vert, *promouvoir un cadre européen pour la responsabilité sociale des entreprises*, Commission Européenne, 18 juill. 2001.

[3] Pour aller plus loin : Code AFEP-MEDEF ; Jcl comm. Fasc. 1350 : *sociétés anonymes. - Gouvernance des sociétés*, JM. Moulin, C. Galokho.

[4] Le droit et les groupes de sociétés, C. Hannoun, Thèse 1988. Michel Foucault, « *Introduction au cours sécurité, territoire, population* », du 11/1/1978, Seuil/La Licorne ; « *La gouvernementalité* », cours du 1/2/1978, Dits et écrits, T. III, p. 635-657 ; « *Naissance de la bio-politique* », cours du 10/1/1979, Seuil/La Licorne.

contractants, sous-traitants et fournisseurs, avec lesquels les entreprises entretiennent une *« relation commerciale établie »* (*shareholders* et *stakeholders*).

2. Quelles sont les entreprises assujetties aux obligations résultant de la loi sur le devoir de vigilance ?

2.1. Les « sujets » du devoir de vigilance

Conformément au nouvel article L.225-102-4 du code de commerce, est assujettie à l'obligation de mettre en place un plan de vigilance toute société qui emploie sur deux exercices consécutifs :

- Plus de 5000 salariés (groupe ayant toutes ses sociétés en France) ; ou

- Plus de 10000 salariés (groupe ayant des sociétés en France et à l'étranger).

Ce seuil se calcule sur les filiales *stricto sensu* (donc *via* la propriété de + de 50 % du capital) mais également les filiales « indirectes » ou autres sociétés contrôlées au sens de l'article L233-3 du Code de commerce[1] (contrôle « effectif » malgré une participation non majoritaire) ainsi rattachées à une société « mère » ou « tête de groupe » ayant son siège social en France.

Les filiales qui atteignent de façon autonome les seuils prévus par l'article L.225-102-4 du code de commerce n'ont pas à mettre en place un plan de vigilance si la société mère l'a déjà fait pour l'ensemble du groupe.

2.2. Les « objets » du devoir de vigilance

Les activités visées par le dispositif, objet du « devoir de vigilance », sont, d'une part, les activités réalisées par la société assujettie, ses filiales directes et indirectes et les sociétés qu'elle contrôle et, d'autre part, les activités de ses fournisseurs ou sous-traitants avec lesquels une « *relation commerciale est établie* ». Ces relations commerciales doivent non seulement exister mais présenter une forme de durabilité dans la mesure où le texte

[1] Sur l'intégration des sociétés contrôlées dans le calcul du seuil, *Devoir de vigilance*, revue Lamy droit des affaires, n°128, 2017, A. Reygrobellet.

exige qu'elles soient **établies**, terme dont le manque de précision ne manquera pas de susciter un certain contentieux[1].

Il est en tout cas évident que la loi va au-delà « *du contrôle sociétaire pour appréhender la sphère d'influence qu'une entreprise donneuse d'ordres peut avoir sur ses partenaires commerciaux* »[2].

3. Quelles sont les obligations qui incombent aux sociétés assujetties ?

En pratique, les obligations qui pèsent sur les entreprises assujetties sont assez similaires à ce qui est déjà prévu en matière de *compliance*. Le dispositif prévu par la loi se concentre sur cinq mesures à mettre en place *via* « un plan de vigilance » :

- Une cartographie (des risques, des responsables des risques, des moyens de les contrôler et/ou atténuer) ;

- Des procédures d'évaluation régulière de la situation des filiales, des sous-traitants ou des fournisseurs qui puissent tenir compte de leur activité et de leur implantation géographique ;

- Des actions adaptées visant à atténuer les risques et à prévenir les atteintes graves ;

- Un dispositif d'alerte et de recueil des signalements ;

- Un dispositif de suivi des mesures et d'évaluation de leur efficacité.

Dès lors, les directions juridiques et *compliance* devront travailler étroitement avec les directions des ressources humaines, les directions

---

[1] Pour une tentative de la définir : *Sous-traitance et « relation commerciale établie » au sens de l'article L. 442-6 du code de commerce : quelle pertinence pour le plan de vigilance ?*, revue Lamy Droit des affaires, n°139, 2018, G. Jazottes.

[2] *Lamy sociétés commerciales*, 147-9, *éléments du devoir de vigilance, conseils pratiques*. Sphère d'influence que l'on peut raccrocher au concept de gouvernementalité de Michel Foucault voir, C. Hannoun, *Le droit et les groupes de sociétés*, Thèse 1988. Michel Foucault, « Introduction au cours Sécurité, territoire, population », du 11/1/1978, Seuil/La Licorne ; « La gouvernementalité », cours du 1/2/1978, Dits et écrits, T. III, p. 635-657 ; « Naissance de la bio-politique », cours du 10/1/1979, Seuil/La Licorne.

des achats et du développement commercial, sans oublier les professionnels du risque et les avocats, afin de bien identifier et évaluer les risques.

De plus, tout un travail d'actualisation des conventions avec les fournisseurs et les sous-traitants devra être mené afin d'intégrer des clauses d'audit et de définir les rôles et les responsabilités de chacun dans la chaine d'approvisionnement, étant entendu que le plan de vigilance doit être élaboré en collaboration avec toutes les parties prenantes de la société. Il est important que les conventions prévoient des *reportings* de la part des fournisseurs et des sous-traitants sur les activités ayant fait l'objet d'une sous-délégation afin de mieux maîtriser les risques liés cette chaine d'approvisionnement.

Il est évident que ces mesures s'inscrivent dans la continuité des obligations mises en place en matière de performance extra financières. De ce fait, il est inévitable que ce dispositif s'articule avec d'autres mesures telles que les objectifs RSE ou les dispositions anti-corruption issues de la loi « Sapin II ».

Une fois le plan de vigilance établi, il devra faire l'objet d'une publication à destination des tiers, raison pour laquelle les entreprises sont assez réticentes à « jouer le jeu » et à faire preuve de plus de transparence. Elles craignent, sans doute, de transmettre involontairement des informations stratégiques tant aux investisseurs, par exemple sur leurs principaux dysfonctionnements, qu'aux concurrents, notamment sur leur stratégie.

4. Quelles responsabilités ?

De façon tout à fait révolutionnaire (les autres pays européens ont préféré rester sur le modèle de la *soft law*), le législateur français a opté pour la mise en place d'actions civiles en la matière.

Ainsi, l'entreprise qui, dans un délai de 3 mois après mise en demeure, ne satisfait pas ses obligations de vigilance peut se voir enjoindre, sous astreinte, de les respecter[1].

---

1 Art. L. 225-102-4 du code de commerce. Le tribunal judiciaire de Nanterre s'est déclaré incompétent au profit du tribunal de commerce. Cette compétence au profit du

De plus, une société assujettie qui ne respecterait pas les obligations décrites peut voir sa responsabilité civile engagée pour les atteintes graves (constituant une faute) envers les droits humaines et les libertés fondamentales, la santé, la sécurité des personnes et de l'environnement (constituant un dommage) résultant de l'activité de ses filiales ou de l'activité de ses fournisseurs et sous-traitants et *« que la [bonne] exécution de ces obligations aurait permis d'éviter »* (concrétisant le lien de causalité)[1].

A l'inverse, en respect du principe de la responsabilité pénale du fait personnel[2], toute poursuite pénale en raison des activités des filiales ou des sous-traitants et fournisseurs est en revanche exclue (sauf à prouver des actes concrets de co-action ou de complicité).

5. Quel bilan ?

Au moment de l'entrée en vigueur de la loi, environ 200 entreprises étaient concernées par le dispositif. En juillet 2021, le CCFD-Terre solidaire et Sherpa ont publié la troisième édition du Radar du devoir de vigilance indiquant qu'au moins 263 entreprises seraient soumises à cette loi[3].

En 2019, le ministre de l'Économie et des Finances a souhaité obtenir un état des lieux relativement à la mise en œuvre de la loi sur le devoir de vigilance par les entreprises assujetties. Le soin d'établir un rapport sur ce sujet a été confié au Conseil Général de l'Economie. Le rapport publié en janvier 2020 souligne les forces et les faiblesses de cette loi et propose des recommandations sur la base des différents constats[4].

A ce titre, le rapport souligne une compréhension encore « *assez floue et inégalement partagée du devoir de vigilance* » et pointe du doigt sa lisibilité et sa visibilité insuffisantes dans les rapports de gestion étudiés. En effet, trop d'entreprises comprendraient encore la vigilance comme « *un outil de*

---

tribunal de commerce a été confirmée, par la suite, par la cour d'appel de Versailles dans une décision du 10 décembre 2020.

[1] Art. L.225-102-5 du code de commerce.

[2] Art. 121-1 du code pénal : « *Nul n'est responsable pénalement que de son propre fait* ».

[3] Le radar du devoir de vigilance – identifier les entreprises soumises à la loi du 5 juillet 2021 – CCFD Terre solidaire et Sherpa

[4] Rapport d'évaluation de la mise en œuvre de la loi n°2017-399 du 27 mars 2017 relative au devoir de vigilance des sociétés mères et des entreprises donneuses d'ordre, janvier 2020.

protection de leur intérêt et de leur réputation », leurs démarches étant de ce fait « *tournées vers elles-mêmes* ».

Pour l'heure, six entreprises ont été assignées en justice et/ou ont fait l'objet de mises en demeure par des associations et/ou des syndicats.

En mars 2021, la chaîne d'hypermarchés CASINO a été assignée sur le fondement de la loi sur le devoir de vigilance devant le Tribunal de Saint-Etienne par les représentants des peuples autochtones d'Amazonie brésilienne et colombienne, ainsi que des ONG françaises et américaines, pour sa participation à la déforestation ainsi que des violations des droits humains dans sa chaîne d'approvisionnement (ventes de produits à base de viande bovine, liées à la déforestation et à l'accaparement de terres des peuples autochtones)[1].

La question de la compétence des juridictions a, quant à elle, engendré des décisions contradictoires. Ainsi la Cour d'Appel de Versailles indiquait le 10 décembre 2020[2] que ce contentieux relevait du tribunal de commerce alors qu'à l'inverse le tribunal judiciaire de Nanterre se déclarait compétent le 11 février 2021[3].

Le 17 avril 2021, l'Assemblée nationale a voté un amendement permettant l'attribution du contentieux lié à la loi sur le devoir de vigilance à des tribunaux spécialisés. Lors des débats, Madame Barbara POMPILI, Ministre de la transition écologique a indiqué « *Concrètement, le tribunal de Paris et, éventuellement, celui de Nanterre seront désignés par décret* »[4].

6. La future directive européenne

En avril 2020 a été annoncée l'arrivée prochaine d'une législation sur les droits de l'homme et la diligence raisonnable des entreprises en matière d'environnement, et ce au niveau européen. En octobre 2020, une consultation publique a été lancée à l'initiative de la Commission. En janvier 2021, un rapport de la commission JURI du Parlement européen contenant des propositions pour la Commission a été adopté. Enfin, le 10 mars 2021, le Parlement européen a adopté une résolution contenant

---

1 Veille Dalloz, 5 mars 2021. *Déforestation en Amazonie : le groupe casino assigné en justice*, AFP, 3.03.2021.

2 Versailles, 10 déc. 2020, n°20/01692 et 01693.

3 TJ Nanterre, 11. fev. 2021, n°20/00915.

4 Compte rendu de la séance du samedi 17 avril 2021, Assemblée Nationale.

des recommandations à la Commission sur le devoir de vigilance et la responsabilité des entreprises (2020/2129(INL)).

Le projet européen s'inspire de la loi française sur le devoir de vigilance et souhaite apporter la garantie « *que les entreprises opérant dans le marché intérieur qui relèvent de son champ d'application satisfont à leurs obligations en matière de respect des droits de l'homme, de l'environnement et de la bonne gouvernance par leurs propres activités ou par des pratiques directement liée à leurs activités, à leurs produits ou à leurs services en vertu d'une relation d'affaires, et qu'elles préviennent et atténuent ces incidences négatives.* ». Cette directive est désormais attendue pour la fin de l'année 2021 ou le début de l'année 2022.

7. Les risques pénaux liés au devoir de vigilance

Au-delà de la responsabilité civile induite par la loi sur le devoir de vigilance, un élargissement vers une responsabilité pénale pour atteinte aux droits humains semble être au cœur des recours. Ainsi, différentes plaintes ont été déposées en matière de pratiques commerciales trompeuses, de crime et de recel de crime.

En 2018, les ONG Sherpa et ActionAid France ont déposé plainte contre Samsung pour pratiques commerciales trompeuses, considérant que les engagements éthiques de l'entreprise constituent une publicité de nature à induire les consommateurs français en erreur sur les conditions sociales de fabrication de produits. En avril 2019, Samsung a été mise en examen pour pratiques commerciales trompeuses. En mars 2021, la plainte a été jugée irrecevable et la mise en examen annulée en raison de l'absence d'agrément des ONG pour agir en justice contre des pratiques commerciales trompeuses. Pour autant, en septembre 2020, UFC-Que-Choisir, disposant de l'agrément nécessaire, a également déposé plainte contre Samsung pour pratiques commerciales trompeuses. Cette question demeure donc en suspens.

En février 2021, une plainte a été déposée par des ONG à l'encontre de Nike pour pratiques commerciales trompeuses et complicité de recel de travail forcé en raison de sa relation d'affaires avec Qingdao Taekwang Shoes Co qui aurait eu recours à un transfert de 600 ouvriers ouïgours de la Province du Xinjiang.

En avril 2021, une action pénale a également été intentée par des ONG à l'encontre d'Inditex, Uniqlo, SMCP et Skechers pour recel de crime de réduction en servitude aggravée, de crime de traite des êtres humains en bande organisée, de crime de génocide et de crime contre l'humanité.

Signalons enfin, la mise en examen de la société LAFARGE pour complicité de crimes contre l'humanité et financement du terrorisme (dont la validité a été confirmée en septembre 2021[1]) au motif qu'elle aurait versé *« entre 2011 et 2015, par l'intermédiaire de sa filiale Syrienne, près de 13 millions d'euros à des groupes terroristes, dont l'organisation Etat islamique (EI), et ce, afin de maintenir l'activité d'une usine dans le nord du pays »*[2].

---

1 Crim. 7 sept. 2021, n° ° 19-87.031, 19-87.036, 19-87.040, 19-87.367, 19-87.376 et 19-87.662.

2 Le Monde, 7.11.19.

Section 4 : Focus hygiène, sécurité, environnement

En vertu du contrat de travail, l'employeur est tenu envers son salarié d'une obligation de sécurité de résultat, qui tend à devenir une obligation de moyens renforcée[1].

Il en résulte que le Code du travail contient de très nombreuses règles générales comme particulières destinées à protéger les salariés.

L'article L. 4121-1 du code du travail fixe le cadre général de ces règles :

> *« L'employeur prend les mesures nécessaires pour assurer la sécurité et protéger la santé physique et mentale des travailleurs.*
>
> *Ces mesures comprennent :*
>
> *1° Des actions de prévention des risques professionnels, y compris ceux mentionnés à l'article L. 4161-1 ;*
>
> *2° Des actions d'information et de formation ;*
>
> *3° La mise en place d'une organisation et de moyens adaptés.*
>
> *L'employeur veille à l'adaptation de ces mesures pour tenir compte du changement des circonstances et tendre à l'amélioration des situations existantes ».*

S'imposent à l'employeur notamment :

i) des obligations de prévention (établissement du document unique des risques professionnels, plan de prévention etc…)

ii) des dispositions applicables aux lieux de travail (C. trav., 4e partie, L. et R., Livre II) ;

---

[1] Soc. 1er juin 2016, n° 14-19.702 ; G. Pignarre et LF Pignarre, *La prévention : pierre angulaire ou/et maillon faible de l'obligation de santé et sécurité au travail de l'employeur ?* Revue de droit du travail 2016 p.151.

iii) des mesures relatives à l'utilisation des équipements de travail et moyens de protection (C. trav., 4e partie, L.et R., Livre III) ;

iv) des dispositions relatives à la prévention de certains risques d'exposition, chimiques, biologiques… (C. trav., 4e partie, L. et R., Livre IV) ;

v) des règles de prévention des risques liés à certaines activités ou opérations, comme les travaux réalisés par une entreprise extérieure, les installations nucléaires… (C. trav., 4e partie, L. et R., Livre V) ;

vi) ou encore des dispositions touchant certaines catégories de travailleurs (C. trav., 4e partie, L. et R., Livre I, Titre V), certaines professions et modes de travail.

La violation de ces obligations constitue en elle-même une infraction pénale (L.4741-1 du code du travail) à laquelle peut s'ajouter, s'il en résulte un accident du travail, des poursuites pour blessures ou homicides involontaires (222-19 et 221-6 du code pénal).

Dans cette hypothèse, nous le verrons dans la deuxième partie de ce livre, la responsabilité pénale pèse immédiatement sur l'employeur, même si l'infraction est en réalité commise « directement » par un salarié, avec la particularité, depuis la loi du 10 juillet 2000 modifiant l'article 121-3 du Code pénal, d'une distinction de « fautes » entre la personne morale de la société employeuse et de son dirigeant, personne physique. Face à cette lourde responsabilité, nous le verrons également, des solutions se sont mises en place, telle que la délégation de pouvoir.

Afin d'éviter d'en arriver là, à titre préventif, et afin d'être en conformité, la pratique des « audits HSE » [1] s'est développée dont le but est de confier à des professionnels des risques (internes comme les *risk manager* ou externes), dont le rôle est prévu et encadré par le code du travail, de relever les risques liés à un poste et/ou une situation de travail et de proposer des solutions afin que l'entreprise soit en totale conformité avec son obligation de sécurité.

---

[1] INRS, *intérêts et limites de l'audit HSE*, n°ND2156-184-01.

Section 5 : Focus sur les *due diligences*

Les *due diligences*, ou « diligences raisonnables », désignent les évaluations préalables permettant à une entreprise de se mettre en conformité contre des risques réels ou potentiels (réputationnels, financiers, juridiques…), d'être respectueuse des droits et des libertés fondamentales (les droits humains, le droit à la vie privée, la santé, la sécurité, l'environnement…), mais aussi, dans certains cas, de se prémunir contre d'éventuelles poursuites pénales (corruption, trafic d'influence…).

Conformément aux lignes directrices de l'OCDE, les *due diligences* ont pour objet d'identifier, d'évaluer et de prévenir les « incidences négatives » causées par l'entreprise, ou auxquelles elle pourrait contribuer, à travers ses activités, ses produits/ses services ou en vertu de ses relations d'affaires[1] .

Matériellement, la démarche consiste en la mise à disposition, au profit du donneur d'ordre, de toute la documentation nécessaire (contrats, litiges, flux financiers…) pour qu'il puisse procéder à des vérifications utiles.

Bien que les *due diligences* puissent être réalisées par et sur des personnes différentes et avoir des finalités diverses, l'approche méthodologique reste globalement la même.

1. Les personnes susceptibles d'être concernées

Les personnes pouvant faire l'objet de *due diligences* varient en fonction de l'objectif recherché par l'entreprise ayant pris l'initiative. Ces objectifs sont les suivants :

1. Eviter les incidences négatives « causées » par l'entreprise ou « directement liées » à ses activités, produits ou services (*due diligences* envers les fournisseurs, les clients, sous-traitants, relations d'affaires, contribuant à ces activités/produits/services) ;

---

[1] Guide OCDE sur *le devoir de diligence pour une conduite responsable des entreprises*, 2018.

2. Eviter les incidences négatives auxquelles l'entreprise « peut contribuer » (*due diligences* au sein du groupe sur ses filiales et leurs partenaires) ;

3. Eviter les incidences négatives susceptibles d'être causées par les entités dans lesquelles l'entreprise souhaite prendre part (*due diligences* à l'occasion de fusions - acquisitions).

1.1. Les *due diligences* envers les tiers en relation d'affaires avec l'entreprise

S'agissant du premier objectif, tant la loi Sapin II que la loi sur le devoir de vigilance prévoient des obligations à la charge des entreprises assujetties et notamment celle de procéder à une évaluation des clients, des fournisseurs de premier rang et des intermédiaires (pour la loi Sapin II) ainsi que des fournisseurs et des sous-traitants ayant une relation commerciale établie avec l'entreprise (pour la loi sur le devoir de vigilance).

Ces *due diligences* devront se réaliser à l'entrée et tout au long de la relation d'affaires.

A l'égard des clients, les due diligences seront accomplies avec la mise en œuvre des vérifications *« know your customer »* qui ont fait l'objet d'une généralisation avec l'évolution des obligations en matière de lutte contre le blanchiment et le financement du terrorisme.

Les *due diligences* réalisées sur les intermédiaires, les fournisseurs et les sous-traitants permettent à l'entreprise de « garder un œil » sur la chaine d'approvisionnement et d'éviter la réalisation des risques d'atteinte à l'image pouvant intervenir à l'occasion du déroulement de la relation d'affaires. Dès qu'un cas de doute sur la qualité d'un tiers se présente, il est préférable de ne pas entrer en relation d'affaires ou d'y mettre fin lorsque le contrat est en cours d'exécution. Il est important que les conventions conclues précisent les cas susceptibles de donner lieu à une résiliation du contrat.

1.2. Les *due diligences* au sein du groupe

La loi sur le devoir de vigilance impose aux entreprises assujetties de contrôler l'activité de leurs filiales. Ainsi une société mère pourrait tout à fait organiser des *due diligences* au sein du groupe afin de s'assurer du respect par ses filiales des différentes obligations qui leur incombent.

1.3. Les *due diligences* à l'occasion de fusions-acquisitions

La loi sur le devoir de vigilance prévoit que des évaluations doivent être menées au sein des filiales, y compris avant toute prise de participation.

Bien que la loi Sapin II ne vise ni les filiales ni les sociétés cibles dans son dispositif d'évaluation, l'AFA, fait référence, dans ses lignes directrices, à « *des vérifications anticorruptions dans le cadre des fusions-acquisitions* ». A ce titre l'AFA a publié le 12 mars 2021 un guide pratique relatif aux vérifications anticorruptions dans le cadre des fusions-acquisitions[1]. Cette absence d'obligation légale de procéder à des vérifications anticorruptions au sein de la cible s'expliquait par le fait qu'en droit français l'acquéreur n'était pas responsable des infractions commises par la société cible préalablement à son acquisition.

Toutefois, cette jurisprudence classique a fait l'objet d'un revirement de jurisprudence[2]. Depuis le 25 novembre 2020, la Cour de cassation admet et autorise que la société absorbante soit poursuivie et condamnée pénalement pour des faits constitutifs d'une infraction commise par la société absorbée avant l'opération de fusion-absorption (jurisprudence réservée pour l'instant aux sociétés anonymes et SAS, sauf fraude v. ci-après Partie II ; Chap. 2, section 1).

De plus, en application du droit américain, l'acquéreur peut être tenu comme responsable des violations des dispositions pénales du *Foreign Corrupt Practices Act* (FCPA) commises par la cible avant la réalisation de l'opération d'acquisition (*closing*)[3]. En l'occurrence, s'il existe un critère de rattachement de l'opération à la loi américaine (la cible ou l'acquéreur sont cotés au sein d'une bourse américaine, ou la transaction s'opère en devise américaine), la loi américaine trouve à s'appliquer.

---

[1] Guide pratique, les vérifications anticorruption dans le cadre des fusions-acquisitions, 2021.

[2] Crim. 25 novembre 2020 n°18-86.955, v. *le droit des fusions évolue*, David Marais, Avis d'expert, l'Usine Nouvelle, 5 déc. 2020.

[3] *Évaluer et se protéger des risques de corruption en cas d'acquisition d'une entreprise industrielle*, Lamy, droit des affaires, n°103, 1er avril 2015.

Dans ce cas l'acquéreur peut être tenu pour responsable des infractions commises par la cible avant le *closing*, sauf à démontrer que des *due diligences* ont été menées[1]. La règle est assez similaire concernant le *Bribery act* anglais[2].

2. La méthode de la *due diligence*

Quelle que soit la structure faisant l'objet d'une évaluation, l'approche méthodologique demeure la même.

Pour se prémunir contre tout risque de sanction ou contre un éventuel engagement de sa responsabilité, la société doit mettre en place des procédures et des processus clairs identifiant les situations dans lesquelles une *due diligence* devrait avoir lieu et désigner les personnes susceptibles d'être sollicitées dans ce cadre. Cette étape de « mise à plat » se fait *via* une ou des cartographies des risques.

Au-delà des risques et situations classiques, risques financiers, capitalistiques, patrimoniaux, ou obligatoires (anticorruption/vigilance) doivent être pris en compte également les risques éthiques ou environnementaux.

Face à ces risques, doivent être mis : la personne en charge de ce risque ou directement exposée ; les tiers ou situation amenant le risque (clients, fournisseurs, intermédiaires, filiales...) ; le process d'évaluation, de protection et d'alerte ; les mesures de corrections.

Il convient ensuite de construire un programme d'audit lié à ces risques qui détaillera l'ensemble des points de contrôle, des personnes et documents à contrôler. Ce programme d'audit doit prendre en compte l'activité, la personne concernée par l'évaluation ainsi que sa zone géographique (un même risque étant plus susceptible d'intervenir en fonction de la zone) et le droit applicable (américain, français...).

---

1 Selon le gouvernement américain, la preuve de la réalisation des audits rigoureux et la divulgation de violations révélées avant la date du *closing* permet de réduire le risque de condamnation

2 *Évaluer et se protéger des risques de corruption en cas d'acquisition d'une entreprise industrielle*, *Lamy, droit des affaires*, n°103, 1er avril 2015.

Il peut ainsi être structuré selon les thématiques suivantes :

Audit des personnes :

- Gouvernance ;
- Tiers (fournisseurs, clients, relations d'affaires) ;
- Actionnaires ;
- Fonctions sensibles.

Audit des contrôles existants :

- Contrôles de la *compliance*, des opérationnels et de l'Audit interne ;
- Contrôle comptable.

Audit de l'activité :

- Opérations ;
- Transactions et contrats ;
- Relations avec des personnalités politiques ou agents publics ;
- Litiges existants…

Une fois le programme d'audit réalisé, il convient d'établir une liste de documents à solliciter et, le cas échéant, de procéder à la mise en place d'un échantillonnage lorsque la volumétrie de la documentation est trop importante. Dans ce cas, il est essentiel que l'échantillonnage soit représentatif.

Lorsque les outils nécessaires pour la réalisation de la *due diligence* sont finalisés, il est possible de procéder aux investigations et aux entretiens avec les personnes sélectionnées.

L'évaluation donne lieu à un rapport final qui est transmis à la personne auditée. Un échange contradictoire s'ensuit, permettant de recueillir les commentaires de l'audité.

3. Quand les *due diligences* représentent elles-mêmes un risque

Sur un plan d'intelligence économique et juridique, doivent être signalés :

i) pour le vendeur, le danger, souligné par la DGSI au cours de l'année 2020[1], d'un détournement des *due diligences* pour s'approprier frauduleusement son savoir-faire, sa technologie ou ses données stratégiques ;

Ce danger peut être amoindri par la possibilité que le vendeur fasse sa propre due diligence - plutôt que de la laisser à l'acquéreur - *via* ses conseils qui rendront alors un rapport exposant les résultats de celle-ci dans la mesure et sous la protection du secret professionnel[2] ;

ii) pour l'acquéreur d'une société, le danger de passer à côté d'une situation susceptible d'engager par la suite sa responsabilité et/ou de faire perdre beaucoup de valeur à son investissement ; là encore, l'avocat peut jouer un rôle essentiel notamment en raison des connaissances techniques dont il dispose en la matière, notamment en rédigeant des clauses contractuelles prenant en compte ces situations potentielles (conditions suspensives, déclarations et garanties, ajustement du prix…)[3].

Un exemple de la nécessité des *dues diligences* avant fusion : le cas LAFARGE

L'affaire ayant vu la société LAFARGE être éclaboussée par les actions de certains de ses hauts cadres suite à la découverte de ce que ceux-ci auraient couvert le paiement de sommes d'argent à l'organisation terroriste « Etat Islamique » pour maintenir une usine en Syrie, est un bon exemple de la nécessité de la *due diligence* et des effets en cas de manquement.

En l'espèce, la société LAFARGE aurait versé *« entre 2011 et 2015, par l'intermédiaire de sa filiale Syrienne, près de 13 millions d'euros à des groupes terroristes, dont l'organisation Etat islamique (EI), et ce, afin de maintenir l'activité d'une usine dans le nord du pays »*[4].

[1] DGSI, flash ingérence économique, n°70 : *Les risques de captation d'informations liés aux partenariats déséquilibrés avec des acteurs étrangers*, décembre 2020.
[2] Audits de compliance dans les fusions-acquisitions, Dictionnaire permanent Compliance, Dalloz.
[3] *Évaluer et se protéger des risques de corruption en cas d'acquisition d'une entreprise industrielle, Lamy, droit des affaires*, n°103, 1er avril 2015.
[4] Le Monde, 7.11.19.

Ceci n'a été relevé par aucun audit interne, ce que la société reconnaissait elle-même[1].

2015 voyait la société LAFARGE fusionner avec le groupe suisse HOLCIM.

Là encore les contrôles effectués pour la fusion n'ont rien révélé.

L'affaire était finalement dévoilée par un article du Monde en 2016[2]. Elle aboutissait à la mise en examen de hauts dirigeants de LAFARGE, dont son PDG, et de LAFARGE SA, désormais filiale de la holding LAFARGEHOLCIM pour « *complicité de crime contre l'humanité* » et « *financement du terrorisme* »[3].

Il est évident que la révélation par un audit de cette situation aurait sans aucun doute changé la face de cette fusion LAFARGE/HOLCIM et aurait évité aux sociétés suisse (HOLCIM) et française (LAFARGE) les retombées réputationnelles négatives.

Du reste, HOLCIM a su aussi se servir de cette affaire qui a permis un basculement du pouvoir interne, qui devait être à l'origine équitablement partagé, à son profit[4].

---

[1] « *Lafarge SA reconnaît que le système de supervision de sa filiale syrienne ne lui a pas permis d'identifier les manquements survenus à la suite d'une violation sans précédent des règlements et des règles de conformité internes* », communiqué de presse LAFARGE, 28.06.2018.

[2] Le Monde, 21.06.2016.

[3] Sur cette mise en examen, v. 3 arrêts Crim. 7.09.2021, n°19-87.031, .036 et .367.

[4] Chronique d'un rapport de Force : comment Holcim s'est approprié Lafarge, H. Contard, 15.10.18, site de l'EGE.

Section 6 : Autres lois de protection de l'entreprise

1. Les lois de blocage

Par une loi du 26 juillet 1968[1], renforcée en 1980[2], le législateur français a mis en place un dispositif appelé *« loi de blocage »* ou « *bloking statute* » permettant de contrôler la transmission de certaines informations par les entreprises françaises à une autorité étrangère dans le cadre d'une procédure judiciaire.

Plus précisément, la loi de blocage interdit à une entreprise ayant son siège ou un établissement en France de communiquer « *à des autorités publiques étrangères, les documents ou les renseignements d'ordre économique, commercial, industriel, financier ou technique dont la communication est de nature à porter atteinte à la souveraineté, à la sécurité, aux intérêts économiques essentiels de la France ou de l'ordre public* »[3] et d'échanger des informations tendant à la constitution de preuves dans le cadre de procédures judiciaires ou administratives étrangères.

La violation de cette interdiction peut être sanctionnée par une peine d'emprisonnement de 6 mois et une amende de 18 000 euros.

Cette loi fait écho aux enquêtes notamment des autorités judiciaires américaines et à l'application extensive de la procédure de *discovery*. En effet, elle a pour objet *« non d'interdire l'accès aux informations sensibles à une autorité étrangère, mais de canaliser les demandes de discovery et de la transmission des informations d'ordre économique, technique et financier aux autorités étrangères vers les procédures prévues par les traités internationaux »*[4].

Plus particulièrement, cette loi peut servir de bouclier à une entreprise française qui ne souhaiterait pas transmettre certaine information, lui donnant une excuse légitime, le respect de la loi et la peur d'être sanctionnée pénalement, pour ne pas transmettre ladite information.

---

[1] Loi 68-678 du 26 juill. 1968.

[2] Loi 80-538 du 16 juill. 1980.

[3] L.n°68-678, 26 juillet 1968 : JO, 27 juillet, art 1er.

[4] Dalloz commerce et douane, *Les moyens de lutte contre l'extraterritorialité des sanctions états-uniennes.*

Toutefois, malgré les ambitions du législateur visant à une protection accrue des entreprises françaises, les objectifs n'ont pas été réellement atteints par la loi de blocage. Dans le cadre de la procédure de *discovery*, la menace qu'elle entend incarner est jugée « *peu crédible* » par les autorités américaines[1] puisque depuis sa création elle n'a donné lieu qu'à une seule condamnation pénale[2] et que les peines prévues au texte sont plus que légères. En outre, les entreprises assujetties se trouvent face à une impasse puisqu'elles doivent choisir entre le risque d'être pénalement poursuivies en France ou faire l'objet de mesures de rétorsion aux Etats-Unis en cas de refus de transmettre les informations demandées, ce qui *in fine* les obligent systématiquement à céder face au risque le plus grave, celui des sanctions américaines.

2. Le dispositif de contrôle des investissements

Sauvegarder les intérêts de la Nation tout en maintenant la France sur la position de « *première destination européenne des investissements étrangers* »[3], telle est la préoccupation permanente des pouvoirs publics français.

Or, si les principes posés tant par les normes internationales, auxquelles la France a adhéré, que par la législation européenne, sont i) la liberté de circulation des capitaux et ii) l'interdiction pour les Etats concernés de porter atteinte à cette liberté en limitant l'accès à certains marchés, les Etats membres ont tout de même gardé le pouvoir de réaliser, dans certaines circonstances, des contrôles sur les investissements en provenance de l'étranger.

C'est ainsi que le législateur français a mis en place un dispositif, constamment révisé, dont la dernière évolution date de la loi « *PACTE* »[4] : les investisseurs étrangers désireux de réaliser des opérations tombant sous le coup de la législation relative aux contrôles des investissements (en raison des seuils de contrôle[5] et des matières

---

[1] La semaine juridique entreprise et affaires, n°39, 24 septembre 2015, 711, *3 questions Loi de blocage : pourquoi une réforme est-elle nécessaire*, Emmanuelle CARADEC.

[2] Crim., 12 décembre 2007, n°07-83.228.

[3] Voir EY, Baromètre de l'attractivité de la France 2019, 27 mai 2020.

[4] Loi n°2019-486 du 22 mai 2019, relative à la croissance et la transformation des entreprises.

[5] R. 151-2 CMF « *Constitue un investissement, au sens de l'article L. 151-3, le fait pour un investisseur mentionné au I de l'article R. 151-1 : 1° D'acquérir le contrôle, au sens de l'article L. 233-3 du code de commerce, d'une entité de droit français ; 2° D'acquérir tout ou partie d'une branche d'activité d'une entité de droit français ; 3° De franchir, directement ou indirectement, seul ou de concert, le seuil de 25 % de détention des droits de vote d'une entité de droit français* ».

« *sensibles* »[1]) doivent suivre une procédure d'autorisation auprès du ministre chargé de l'économie.

Sont ainsi citées par l'article R. 151-3 du CMF, les :

« I.-Activités de nature à porter atteinte aux intérêts de la défense nationale, participant à l'exercice de l'autorité publique ou de nature à porter atteinte à l'ordre public et à la sécurité publique » ; soit les activités relatives aux : armes, munitions, biens à double usage, entité soumise au secret défense, SSII, sous-traitant du ministère de la défense, cryptologie, matériel d'interception, agents pathogènes, jeux, stockage de données *;*

II.-Activités de nature à porter atteinte aux intérêts de la défense nationale, participant à l'exercice de l'autorité publique ou de nature à porter atteinte à l'ordre public et à la sécurité publique, lorsqu'elles portent sur des infrastructures, biens ou services essentiels » tel que : énergie, eau, réseaux de transport, opérations spatiales, réseaux de communication électronique, missions de police nationale, gendarmerie, sécurité civile, douane, sécurité privée, OIV, santé publique, produits agricoles, édition, et presse *;*

III.-Activités de nature à porter atteinte aux intérêts de la défense nationale, participant à l'exercice de l'autorité publique ou de nature à porter atteinte à l'ordre public et à la sécurité publique, lorsqu'elles sont destinées à être mises en œuvre dans l'une des activités mentionnées aux I ou II » soit la R&D sur des technologies critiques et sur biens à double usage.

En 2019, 216 opérations d'investissement en provenance de l'étranger ont ainsi fait l'objet d'un examen au titre de législation relative aux contrôles des investissements étrangers[2].

L'irrespect de la procédure d'autorisation peut entrainer des sanctions administratives (mesures conservatoires, suspension des droits de vote, injonction sous astreinte de suivre la procédure, sanctions pécuniaires) et pénales[3] (peine d'emprisonnement pouvant aller jusqu'à 5 ans, confiscation des biens et des avoirs qui sont le produit direct ou indirect de l'infraction, amende).

---

1 L 151-3 CMF et R. 151-3 CMF et s. .

2 Voir Direction Générale du Trésor, Les chiffres clés des IEF en 2019.

3 L. 165-1 CMF.

Cependant, les mesures étatiques ne permettent pas d'appréhender toutes les situations de « *fuite* » d'informations stratégiques ou de rachat d'entreprises ou de technologies de pointe. C'est pourquoi les entreprises concernées sont encouragées à mettre en place des dispositifs de prévention de l'espionnage industriel, quelle que soit la forme dans laquelle il se manifeste[1].

3. La protection du secret des affaires

Pour les entreprises commerciales, le savoir-faire, et plus globalement le secret des affaires, est également protégé par un dispositif d'abord prévu par une directive européenne de 2016[2] puis transposé par une loi en date du 30 juillet 2018[3] et dont les modalités d'application ont été prévues par un décret du 11 décembre 2018[4].

Avant cette directive, aucun texte n'était dédié à la protection du secret des affaires. Les actions étant éparpillées sur le terrain de la responsabilité civile pour concurrence déloyale et sur le fondement des dispositions spécifiques relatives à la propriété industrielle. Ainsi, le droit français ne permettait d'engager la responsabilité civile des « *espions* » que *via* l'action en concurrence déloyale ou parasitaire. Leur faute consistant dans le fait de « *se procurer des informations de manière déloyale, ce qui suppose que les éléments litigieux ne se trouvent pas dans le domaine public* » et que la victime a eu l'intention de les garder confidentielles[5].

L'inconvénient de cette action résidait dans la nécessité pour la victime de prouver l'existence d'un préjudice et d'un lien de causalité, éléments qui ne sont pas aisés à démontrer.

Depuis la Directive de 2016, relève du secret d'affaires **toute information confidentielle susceptible de conférer une valeur commerciale et économique effective ou potentielle à son détenteur et qui fait l'objet de mesures de protection raisonnables**

---

[1] DGSI, flash ingérence économique, n°70 – Les risques de captation d'informations liés aux partenariats déséquilibrés avec des acteurs étrangers, décembre 2020.
[2] Directive 2016/943 du Parlement européen et du Conseil du 8 juin 2016.
[3] L.2018-670, 30 juillet 2018 : JO 31 juillet 2018.
[4] D. n° 2018-1126, 11 déc. 2018 : JO 13 déc. 2018.
[5] Répertoire IT/IP et Communication, *Savoir-faire,* janvier 2018, 94° et suiv., Nicolas BINCTIN.

compte tenu des circonstances[1]. Sont visées donc, outre le savoir-faire, les informations stratégiques susceptibles de conférer une valeur commerciale à son détenteur.

Le dispositif instauré par la Directive a pour objectif la protection des entreprises contre toute appropriation illicite de leur savoir-faire ou de leurs informations commerciales et technologiques.

Les textes prévoient toutefois quatre exceptions à cette protection[2] puisque la qualification de secret d'affaires tombera face à l'exercice de la liberté d'expression et d'information dans ces quatre cas : divulgation pour « *révéler une faute, un acte répréhensible ou une activité illégale* » ; pour protéger les lanceurs d'alerte ; « *la divulgation par des travailleurs à leurs représentants* » ; et, enfin, dans tous les cas où la diffusion est imposée ou autorisée par la loi « *aux fins de la protection d'un intérêt légitime* ».[3]

Or ces exceptions, les textes accordent au juge (saisi par requête ou en référé) des pouvoirs étendus permettant de faire cesser une atteinte au secret des affaires tels que l'interdiction de produire, de mettre sur le marché ou d'utiliser des produits en infraction, la possibilité de prononcer une injonction sous astreinte, etc. (mesures provisoires)[4].

In fine, le code de commerce prévoit désormais à l'article L.152-6 que l'atteinte au secret d'affaires peut donner lieu à l'octroi de dommages et intérêts en réparation du préjudice subi (mesures définitives). Le délai de prescription de l'action est de cinq ans.

Cette procédure spécifique facilite l'action de la victime puisqu'elle suppose d'établir désormais uniquement la faute de l'auteur permettant ainsi de pallier les difficultés probatoires qui se posaient en droit commun de la responsabilité civile (*voir supra*)[5].

---

1 Article 151-1 du code de commerce.

2 Articles L.151-7 à L.151-9 du code de commerce.

3 Actes pratiques et ingénierie sociétaire n°169, janvier 2020, *Secret des affaires*, Sophie SCHILLER et Rafael AMARO et Thibaud d'ALÈS et Rudy LAHER et Jean-Yves TROCHON et Franck AUDRAN et Grégory CAUVIN et Véronique CHAPUIS-THUAULT et Olivia SICSIC et Philippe de ROBERT HAUTEQUÈRE et Nathalie DOSTERT et Mathieu GRAS et Stéphane VAN KEMMEL.

4 Article L.152-4 du code de commerce.

5 La semaine juridique, édition générale, n°3, 21 janvier 2019, *Une nouvelle ère pour le secret d'affaires*, entretien par Marie DANIS et Thierry LAUTIER.

CHAPITRE 3
Interconnexion entre PEIE et DPE : la gestion du risque à 360°

Section 1 : Interconnexion PEIE/DPE

Bien souvent, la complémentarité PEIE/DPE n'est pas conscientisée, souvent par la faute de ce que ces matières sont enseignées et pratiquées de manière séparée, voire étanche : la PEIE se pratiquant dans les sphères professionnelles, là où le DPE s'acquière sur les bancs de l'université ; la PEIEI étant cantonnée à la prévention ; là où le DPE intervient en répression/réparation.

Si cette situation commence à évoluer, la complémentarité reste vue *a minima* sous le prisme de divisions :

- division normative droit (DPE)/process (PEIE) ;
- division chronologique prévention (PEIE)/répression (DPE) ;
- division en fonction du but : le préventif, éviter de commettre une infraction (conformité/PEIE) ou le curatif, agir pour victime ou l'auteur (DPE)...

En réalité PEIE et DPE sont plus que complémentaires, ils fonctionnent ensemble, entremêlés en permanence :

i) normativement, *process* et droit se renforçant mutuellement, la loi SAPIN II (chap. 2, section 2) en est un parfait exemple ;

ii) dans leurs buts, chacun permettant d'éviter tant de commettre que de subir des infractions ;

iii) dans le temps : les solutions (délégation de pouvoirs etc...) ou la connaissance du DPE (connaissance des pratiques policières ou judiciaires...) servant dès le stade de la mise en place des mesures de protection de l'entreprise, et les techniques de la PEIE, notamment le renseignement économique, servant à améliorer l'efficacité du DPE (cf. section et 2 et 3 de ce chapitre).

In fine, le découpage chronologique (temps de la prévention/temps de la répression), normatif (droit/process) ou par buts (auteur/victime) entre PEIE et DPE doit cesser et les deux matières à notre sens doivent fusionner, l'un n'allant plus sans l'autre, dans une catégorie plus générale : **les « moyens de la gestion du risque pénal », dont la**

maîtrise complète - *de l'audit à l'audience* - permet une gestion à 360° de ce risque.

S'il devait exister un découpage, ce serait plutôt, selon des termes empruntés au langage militaire dont l'IE est par nature issue, par la forme d'engagement de ces moyens « fusionnés », interconnectés, de la gestion du risque pénal : l'offensive et la défensive[1].

Ainsi, en pratique, **les moyens (DPE/PEIE fusionnés) de la gestion du risque pénal vont être engagés** (cf. pour la mise en œuvre de ce découpage Partie II) :

- **Défensivement**, sous trois formes :

i) la **« défense passive »** à travers **la prévention** : prévenir le risque pénal, pour éviter qu'il ne survienne, c'est d'abord le comprendre (par la formation), le détecter (par l'audit et l'investigation notamment dans le cadre des lois SAPIN II), le conscientiser (par la cartographie), puis mettre en place des solutions (risk manager, guideline, compliance…) ;
ii) et **la protection** : avec le triptyque vigilance (veille risque réputationnel, cyber, personnel sensible), surveillance (vidéoprotection, internet, badges…), prévoyance (délégation de pouvoirs…), permettant de diminuer la survenance du risque ;

iii) **la défense « active »** : en cas de survenance du risque, afin d'éviter ou d'amoindrir la condamnation (société mise en cause) ou le préjudice (société victime).

- **Offensivement**, sous deux angles :

i) **attaquer** : en vue de la fragilisation de la position d'un adversaire, d'un concurrent ou d'une cible ;

ii) **contre-attaquer** : par le déclenchement de procédure pénale contre tout agresseur, interne ou externe (société victime), voire, là encore, pour décrédibiliser, fragiliser un adversaire ou allumer des contre-feux (société mise en cause).

---

[1] *Innovation militaire, équilibre de l'offensive et de la défensive, et distribution de la puissance*, C. Brustlein, Champs de Mars 2005/1, p. 183.

Quant aux professionnels de la PEIE et du DPE (notamment l'avocat pénaliste) ils doivent travailler ensemble. **Prévenir le risque pénal sans la vision globale des infractions à éviter ni la connaissance de la pratique et du droit de l'avocat est aberrant. Mais ne pas s'occuper, lorsqu'on est avocat, de la prévention des risques ou ne pas collaborer avec les techniciens du risque et/ou les services existants pour obtenir des informations stratégiques (par ex. plaider une absence ou atténuer la responsabilité pénale), l'est tout autant[1].**

Si l'on ouvre les yeux différemment et que l'on cesse l'aveuglement lié à la pratique « en silo », on voit qu'en réalité l'IE, la *compliance* et le droit pénal de l'entreprise sont plus qu'interdépendants, ils sont interconnectés, chacun étant utile à l'autre tant dans la phase défensive qu'offensive.

Plus particulièrement, en étant acteur à chacun de ces stades, de la prévention au contentieux- *de l'audit à l'audience*, de la mise en œuvre de la PEIE à celle du DPE, offensive comme défensive, l'avocat pénaliste peut et doit ainsi être au centre du cercle dangereux du risque pénal et gérer ce risque à 360°.

[1] *Gérer le risque pénal à 360°*, Itw. D. Marais, Magazine Décideurs, dec. 2020.

Section 2 : Interconnexion PEIE/DPE : quand la PEIE a besoin du DPE (exemples pratiques)

1. Les nouvelles fraudes aux ordres de virement

Fraude au Président (l'auteur se faisant passer pour un membre du gouvernement ayant besoin de fonds « secrets »[1]), fraude au changement de RIB (l'auteur se faisant passer pour un fournisseur habituel, réel, ayant simplement changé de banque)[2], ces infractions classiques mais complexes à détecter, car reposant souvent sur un travail approfondi de social engineering sont en pleine recrudescences.

Notamment, du fait de la crise due au COVID 19, beaucoup d'entreprises, même sensibilisées à ce type de fraudes, ont accepté de contourner leurs propres règles de sécurité face à l'urgence, voire la panique, pour obtenir masques, gels ou autres éléments nécessaires face au virus auprès d'entreprises fantômes.

Le coût de ces fraudes peut se révéler astronomique[3] et bien souvent catastrophique (100.000 euros en moyenne[4]).

L'alliance PEIE/DPE, permet une lutte efficace contre ce risque :

i) défensivement : une politique PEIE efficace aura pour but premier de sensibiliser le personnel (formation aux arnaques au « Président », au « changement de RIB » etc...) et/ou d'empêcher matériellement celui-ci (par une exigence de double signature par ex.) ;

ii) offensivement : la contre-attaque pourra se faire au pénal, par le biais de l'escroquerie (art. 313-1 du code pénal, v. Part. II pour la définition de ses éléments constitutifs), sanctionnée par des peines qui, dans certains cas, peuvent être assez lourdes.[5]

---

1 *Une arnaque au Président coûte plus de 19 millions d'euros à Pathé*, BFM, 10.11.2018 ; *Faux Le Drian : deux hommes condamnés à sept et dix ans en appel*, Le Monde, 09.09.2020.

2 *Recrudescence des arnaques aux faux virements dans les entreprises*, L'usine Nouvelle, 11.03.21.

3 *Une arnaque au Président coûte plus de 19 millions d'euros à Pathé*, BFM, 10.11.2018.

4 Selon PWC, *Global economic crime survey*.

5 *Faux Le Drian : deux hommes condamnés à sept et dix ans en appel*, Le Monde, 09.09.2020.

2. Le détournement d'informations stratégiques

Une jeune demoiselle, Mlle B, travaille dans une société X qui intervient sur un marché de transport assez fermé, seuls deux autres opérateurs la concurrencent. Les appels d'offre se gagent ou se perdent sur de très faibles différences : de prix, de délais, de quantités transportées.

Lors d'un diner professionnel, Mlle B se confie (volontairement ?) sur ses conditions de travail. Elle estime être manifestement sous-employée, ou plus précisément, sous-payée par rapport à ses éminentes compétences. L'information ne tombe pas dans l'oreille d'un sourd et remonte vers l'un des concurrents de la société X.

La société Y appelle ainsi Mlle B et lui propose un « pacte » : si elle donne les tarifs acceptés par la société X sur un marché particulier, elle sera accueillie les bras ouverts, et avec une rémunération à la hauteur des fameuses compétences injustement ignorées, au sein de la société Y.

Si la société Y a su ne pas être sourde, Mlle B quant à elle n'est pas aveugle. Elle voit ce deal comme une belle opportunité, et surtout elle cherche, trouve et regarde les tarifs en question. Passée à la société Y, elle transmet ces informations, qui permettent alors d'ajuster les offres commerciales un cheveu en dessous de celles de la société X. La société Y gagne ainsi le marché jusqu'alors entre les mains de la société X, qui sera à cause de cela très près de déposer le bilan.

Cette mésaventure, tirée de notre expérience, n'arrive pas qu'aux autres : 55 % des entreprises auraient été touchées ces dernières années, avec des conséquences graves : selon un célèbre cabinet d'audit[1], le coût moyen de la perte de données importantes serait de 5 à 7 % du CA.

Cette fraude prend d'ailleurs aujourd'hui une autre forme.

L'alliance PEIE/DPE, permet, là encore, une lutte efficace contre ce risque :

---

[1] PWC.

i) défensivement :

- en termes de *prévention* : il faut rappeler aux salariés leurs obligations (par la formation) ; détecter les personnels sensibles (ayant accès aux infos stratégiques) ; auditer les contrats de travail (afin qu'il précise la propriété des informations/projets/inventions et rappel le droit applicable en cas de « détournements » de celles-ci) ;

- en terme de *protection* : rédaction des contrats de travail (afin qu'il précise la propriété des informations/projets/inventions et rappelle le droit applicable en cas de « détournements » de celles-ci si ce n'était déjà fait) ; implantation des informations stratégiques dans des dossiers informatiquement verrouillés ; marquage clair des informations stratégiques comme « secrètes » ; mise en place d'une « hiérarchie » d'accès aux informations au regard de leur importance (sur le modèle du « droit d'en connaître ») ; charte informatique rappelant les règles d'accès ; surveillance des accès/copies/atteintes informatiques ou physiques à ces informations ; alarmes automatiques en cas d'action non autorisée etc…

Attention de ne pas commettre d'infractions en voulant mettre en place ces solutions permettant d'éviter d'en subir (par ex. ne pas oublier les droits d'information des salariés pour toute mise en place d'une surveillance).

ii) offensivement : la *contre-attaque* pourra se faire :

- en interne :

- procédure disciplinaire contre le salarié (attention à la prescription courte) pouvant aller jusqu'au licenciement (attention de bien respecter la procédure) ;
- plainte au pénal pour abus de confiance (si l'information lui était accessible de droit) et/ ou atteintes aux « STAD »[1] ;
- action au civil, si l'atteinte provient ou est au bénéfice d'un concurrent : violation du secret des affaires ;

[1] Infractions décrites en partie II.

- en externe (si l'information est détournée par cyberattaque) : plainte pour atteintes aux « STAD ».

3. L'espionnage industriel

Si les préoccupations liées à l'espionnage industriel ne sont donc pas nouvelles, on constate un renouvellement permanent des méthodes utilisées par les intéressés, de l'opération physique[1] à l'attaque « cyber »[2], directe ou indirecte[3], qui n'émanent plus seulement des structures étatiques mais aussi des structures privées concurrentes.

Et l'alerte aujourd'hui est d'un rouge vif : le rapport d'activité de la délégation parlementaire au renseignement pour l'année 2019-2020 souligne ainsi que « *dans un contexte de compétition économique mondiale exacerbée, nos entreprises sont en effet confrontées à des menaces de plus en plus nombreuses (...). L'ensemble des acteurs (...) s'accordent sur la persistance, voire l'intensification, d'un espionnage économique agressif, orienté vers la captation d'informations et de données stratégiques* »[4].

Au-delà des cyber-attaques, la DGSI alerte sur le fait certains groupes étrangers profitent de leur puissance financière face à la fragilité des PME/start-up pour nouer des partenariats, notamment de « soutien économique » ou « technique », particulièrement dans le domaine des nouvelles technologies, qui en réalité n'ont d'autres buts que de s'approprier le savoir-faire ou la technologie.

Parfois, la seule étape de la négociation, avec le développement des « dues diligences » et de l'obligation de « dévoilement » imposée au

---

[1] Telle que l'affaire du Concorde où, dans les années 60, un agent du KGB se faisait arrêter par les autorités françaises avec une mallette contenant les plans détaillés du dispositif de freinage du célèbre avion. Capital, 6 novembre 2015, *Espionnage industriel : les affaires qui ont fait trembler l'économie*, Bruno GODARD.

[2] V. par ex. *Panique et incertitude aux Etats-Unis après une sévère opération d'espionnage informatique,* Le Monde, 17.12.2020.

[3] V. la cyber attaque dont a pu être victime Saint-Gobain, via son usine ukrainienne, L'usine nouvelle, 9.12.2018.

[4] Rapport relatif à l'activité de la délégation parlementaire au renseignement pour l'année 2019-2020, Christian CAMBON. V. également flash ingérence DGSI sur les « *partenariats déséquilibrés avec des acteurs étrangers* » et les « *salons professionnels* », 2020.

partenaire, a pour but ou pour effet de livrer des informations sensibles et stratégiques à l'entité étrangère[1].

Agir contre ces risques peut se faire :

i) défensivement en :

- évaluant l'honorabilité du partenaire ;

- identifiant les informations stratégiques et les protéger de tout dévoilement, avant, pendant, après le partenariat ;

- étant vigilant dans la conclusion des contrats (clause de révision, de fin de partenariat, de propriété intellectuelle,...) ;
- mettant en place un système d'alerte de toutes velléités ou tentatives d'appropriation par le partenaire d'informations sur lesquelles il n'a en théorie aucun droit.

ii) offensivement : la *contre-attaque* pourra se faire :

- en interne :

- plainte au pénal pour escroquerie ou abus de confiance (si l'information lui était accessible de droit) et/ ou atteintes aux « STAD » ;

- action au civil, si l'atteinte provient ou est au bénéfice d'un concurrent : violation du secret des affaires ;

- en externe (si l'information est détournée par cyberattaque) : plainte pour atteintes aux « STAD ».

4. La nécessité de l'alliance DPE/PEIE au service de la PEIE

On le voit à travers chacun de ces exemples, à tous les stades défensif (prévention, protection) tant la connaissance du droit de manière générale (rédaction de contrats, de chartes, analyses des éléments mis en place) que du droit pénal en particulier (connaissance des infractions

[1] DGSI, flash ingérence économique, n°70 – Les risques de captation d'informations liés aux partenariats déséquilibrés avec des acteurs étrangers, décembre 2020.

pouvant être subies comme commises), le professionnel du risque a besoin de l'avocat et particulièrement du pénaliste.

Plus généralement, dans la réalisation du risque, le droit pénal se révèlera également précieux puisqu'il permettra :

i) par ses moyens, la facilitation de la preuve : à la fois par l'utilisation de la puissance étatique (police, gendarmerie, ANSSI,...) mais également par la possibilité de recourir à des moyens privés d'investigation (notamment via le recours à la procédure de « perquisition privée de l'art.145 du code de procédure civile) ;

ii) par ses buts, de recouvrer une capacité opérationnelle le plus rapidement possible, de sanctionner les auteurs et d'obtenir réparation des préjudices subis.

Section 3 : Interconnexion PEIE/DPE : quand le DPE a besoin de la PEIE (exemples pratiques)

1. L'obtention d'informations utiles

Le pénaliste se trouve dans un paradoxe : le système étatique (police, justice), à la puissance duquel il peut avoir recours à travers une plainte, ne se contrôle pas : il travaille à son rythme, il fait ce qu'il veut (même s'il existe un droit à demander des investigations[1]), et il peut se retourner contre celui qui le sollicitait originellement.

Sa lenteur notamment peut l'inciter à vouloir obtenir différemment les informations utiles à son travail de défense (si l'entreprise est accusée) ou de contre-attaque (si elle est victime).

Il peut ainsi avoir recours :

i) à la recherche de trace numérique face à une atteinte aux STAD ;

ii) aux enquêtes internes (v. ci-dessus) ;

iii) aux analyses de cabinet d'intelligence économique, aux *insiders* et lanceurs d'alertes pour mieux connaître le contexte d'un adversaire ;

iv) aux analyses d'auditeurs (comptes, flux financiers…) :

v) aux « perquisitions privées » permises par l'article 145 du code de procédure civile.

Dans nombre de ces actes de recherches d'information, il sera en lien avec des professionnels du risque, de l'intelligence économique, du cyber, etc…

De manière plus générale, intervenant dans un monde qu'il connaît peu, chaque entreprise ayant son métier particulier, ses spécificités, son environnement particulier (légal, économique, etc…), l'avocat pénaliste ne peut plus aujourd'hui se passer de parler avec les opérationnels

[1] Art. 82-1 du code de procédure pénale au stade de l'instruction.

internes à l'entreprise et notamment ceux détachés à la gestion des risques (directeur sécurité/sureté, *risk manager*..).

2. La *compliance*, moyen d'atténuation ou d'aggravation du risque pénal ?

La question se pose également de l'influence de la conformité sur le risque pénal.

Ainsi, la conformité à la loi SAPIN II, apparaît désormais comme un moyen d'atténuation voire d'exonération de la responsabilité pénale des personnes morales devant le tribunal correctionnel[1].

Réflexion qui peut s'étendre à toute conformité légalement exigée. Ainsi, il peut se déduire d'une parfaite conformité HSE, que le comportement du salarié était imprévisible et dès lors, que l'accident qui a pu en résulter, n'était pas imputable à son employeur[2].

A l'inverse, la non-conformité[3], ou le fait de « fermer les yeux » sur une situation non conforme[4], peuvent être considérés comme preuve de la faute de la personne morale engageant sa responsabilité pénale (si elle est accusée) ou… diminuant son droit à être indemnisée si elle est victime[5].

Les informations et preuves liées à la parfaite conformité de l'entreprise seront donc essentielles à l'avocat pénaliste dans le cadre de son travail en phase policière ou judiciaire.

3. La nécessité de l'alliance DPE/PEIE au service du DPE

L'avocat pénaliste à tout intérêt à travailler, y compris dans la phase policière/judiciaire, que ce soit dès sa phase de lancement (plainte, enquête préliminaire) que dans sa phase contentieuse avec les professionnels du risque, de la compliance/conformité, de l'audit ou de la sécurité, internes comme externes, pour obtenir les informations utiles à une défense ou à une contre-attaque.

---

1 Crim. 4.06.1998, n°96-86.623.

2 Crim. 19.02.2002, n°01-82595, RCS 2002, p. 837.

3 Crim. 19.03.2014, n°12-87.416.

4 Crim14.03.2018, n°16-82.117.

5 Crim. 19.03.2014, n°12-87.416.

Section 4 : La gestion du risque pénal à 360° en un schéma

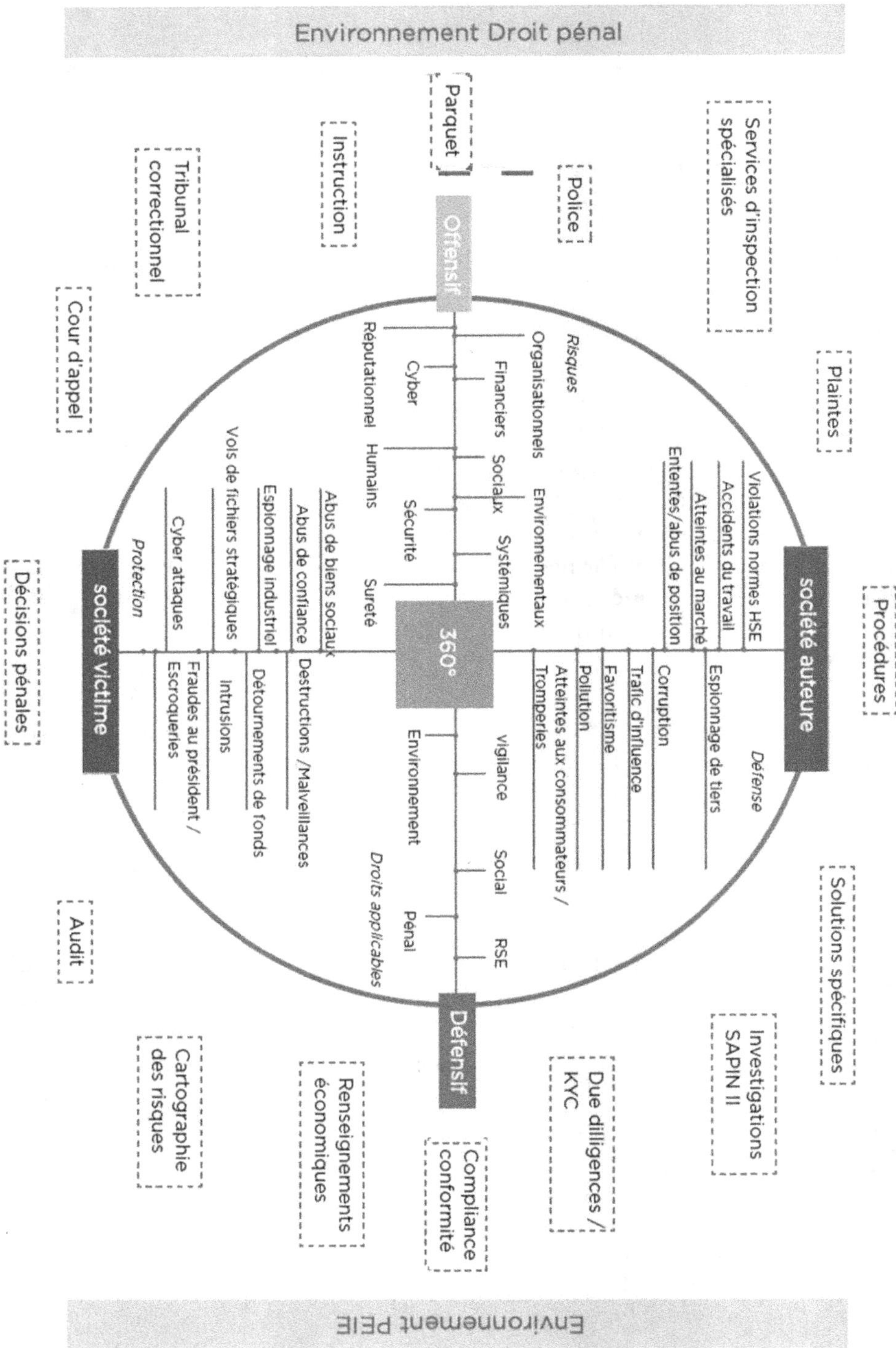

PARTIE II

De la PEIE au droit pénal de l'entreprise, une gestion du risque pénal à 360° :

la gestion du risque en pratique

Si la maîtrise de l'ensemble des moyens de la gestion du risque – fusion de la PEIE au DPE, intervention de « *l'audit à l'audience* » – permet une gestion de ce risque à 360°, ces moyens vont être en pratique engagés à différents moments, dans un but défensif (I et II) ou offensif (III).

Chap. 1 - La gestion défensive « passive » : la prévention et la protection

Section 1 : La prévention du risque pénal

Section 2 : La protection du chef d'entreprise (la délégation de pouvoirs)

Section 3 : La protection des salariés

Chap. 2 - La gestion défensive « active » face à la survenance des risques pénaux

Section 1 : La société auteure d'infractions pénales
Section 2 : La société victime d'infractions pénales

Chap. 3 – La gestion offensive : agir et réagir, les moyens d'action à disposition de la société et de son représentant

Section 1 : La société poursuivie en justice

Section 2 : Les recours de la société victime

CHAPITRE 1
La gestion défensive « passive » : la prévention et la protection

Section 1 : La prévention du risque pénal

Toute entreprise a intérêt à mettre en œuvre tous les moyens possibles dans l'objectif d'éviter la survenance du risque pénal.

Il existe différents types de risques pénaux, mais les principaux concernent :

i) La sûreté et la sécurité des travailleurs

Il s'agit d'anticiper les atteintes involontaires à la vie, à l'intégrité de la personne, à sa mise en danger, au non-respect des dispositions légales ou règlementaires en matière d'hygiène et de sécurité.

ii) La sûreté et la sécurité de l'entreprise

Il s'agit d'empêcher la survenance d'infractions de droit commun (infractions contre les biens, atteintes à la confiance) et les infractions au droit des sociétés (infractions commises pendant la vie de la société).

La prévention du risque pénal passe par trois phases successives :

- L'anticipation du risque pénal - Comment remédier à sa survenance ?
- L'identification et l'évaluation du risque pénal - Quel est le risque ? Quel est son degré de dangerosité ?
- L'atténuation du risque pénal - Comment l'organiser pour en limiter les effets ?

1. L'anticipation du risque pénal

Afin de prévenir la matérialisation du risque pénal, l'entreprise peut implémenter des outils préventifs en interne. En ce sens, il est recommandé au sein d'une entreprise de réaliser une veille juridique et règlementaire, de mettre en place des codes de bonne conduite et chartes éthiques, de former des opérationnels du risque ou d'avoir un système de délégation de pouvoirs efficace (cf. Fiche n°2 sur la protection du chef d'entreprise).

1.1. L'audit du risque pénal

La profusion des textes est un facteur dangereux dont la méconnaissance peut entraîner la survenance du risque qui peut être pénalement sanctionné.

Il est recommandé à l'entreprise de s'appuyer sur des professionnels afin de connaître l'ensemble des règles légales et règlementaires applicables à l'entreprise et à son activité économique pour éviter la commission d'infractions.

Dès lors, l'audit puis la veille juridique, c'est-à-dire l'analyse, l'étude et le suivi des textes législatifs et règlementaires par des professionnels, permettent d'appréhender avec précision le cadre normatif dans lequel l'entreprise évolue afin d'anticiper tout comportement à risque.

A noter que cette veille doit être déterminée avec précision pour être efficace. Il est, en effet, nécessaire de la limiter à l'activité de l'entreprise. Elle doit concerner :

- l'évolution législative et règlementaire ;
- l'ensemble des règles techniques (normes ISO, CEN, AFNOR, etc.) ;
- la jurisprudence (nationale et européenne) et la doctrine.

1.2. La mise en place de règles internes : l'adoption d'une charte éthique et de codes de bonne conduite

Afin de prévenir tout risque ou pallier toute ignorance, il nous paraît important que l'entreprise établisse et adopte un texte, dans lequel elle entend définir les valeurs auxquelles elle est attachée ou les principes généraux qui gouvernent son activité.

La « charte éthique », le « code de bonne conduite » ou encore le « code de déontologie », apparaît comme un outil de bonne gouvernance permettant une responsabilisation sociale de l'entreprise, d'une part et un outil de fédération des salariés autour de certaines valeurs, d'autre part. Le dirigeant a tout intérêt à impliquer les salariés dans la définition des valeurs et la rédaction de la charte.

Ce document répond au souci croissant des entreprises de faire preuve de transparence tout en permettant de fixer un certain nombre de règles de conduite.

En pratiques, cet outil peut, d'abord permettre un rappel des grands principes et valeurs auxquels l'entreprise est attachée comme, par exemple ; le bien-être du personnel, la prévention des conflits d'intérêts ou la lutte contre la corruption. Ensuite faire mention des « engagements » de l'entreprise pour le respect de ces valeurs et principes. Enfin, la charte peut définir les comportements attendus par les salariés. Ces documents abordent généralement les thèmes suivants :

- la gestion de l'entreprise ;
- sa relation avec les tiers ;
- les questions économiques et financières ;
- les questions sociales et sociétales ;
- les questions environnementales.

Bien que dissuasive, la Charte en elle-même n'a pas de valeur juridique obligatoire. Elle n'est obligatoire que si elle a été approuvée par les instances représentatives du personnel et annexée au règlement intérieur ou au contrat de travail.

1.3. La mise en place d'un service de « compliance juridique » ou de « conformité » de prévention et de contrôle de l'application des règles internes et externes

L'audit effectué, l'entreprise peut également disposer d'une organisation ou d'un service lui permettant de :

- prévenir et transcrire les risques encourus dans des procédures internes ;
- surveiller le respect de ces règles et procédures ;
- informer et former les collaborateurs sur ces dispositions et leur modification.

2. L'identification du risque pénal

L'enjeu pour l'entreprise est d'identifier les risques spécifiques d'une particulière gravité auxquels elle peut être exposée quel que soit son secteur *d'activité* et le domaine de cette activité. Cette identification du risque s'effectue généralement par la formation d'opérationnels du risque et la mise en œuvre d'une cartographie des risques.

2.1. La formation d'opérationnels du risque

Pour être efficace, une formation doit être adaptée à l'activité de l'entreprise, d'une part et aux personnels qualifiés d'autre part. En conséquence, elle doit concerner :

- les cadres dirigeants qui jouent un rôle très important dans la prévention et le traitement du risque pénal ;

- les opérationnels du risque (risk manager, direction juridique,...) qui sont confrontés directement aux risques pénaux.

Concernant sa mise en œuvre, il semble nécessaire de dispenser des formations pratiques, répondant aux préoccupations professionnelles de ceux qui y assistent.

A noter que le décret n°2008-1347 du 17 décembre 2008 relatif à l'information et à la formation des travailleurs a instauré une obligation de formation sur les risques pour leur santé et leur sécurité. En effet, le risque « sécurité » est le risque pénal majeur auquel s'estiment confrontées les entreprises.

Cette obligation prévue à l'article L.4141-2 du Code du travail a pour but d'instruire le salarié sur les précautions à prendre pour assurer sa propre sécurité et celle des autres personnes travaillant dans l'établissement (cf. chap. n°3 sur la protection des salariés).

2.2. La cartographie des risques

D'un point de vue technique, la cartographie des risques est une démarche dynamique d'identification et d'évaluation des risques effectuée par les opérationnels. Elle constitue ainsi un outil de mise en évidence des risques à couvrir en priorité.

L'objectif est d'écouter les différents acteurs de l'entreprise pour comprendre son fonctionnement et détecter les zones à risque afin d'éviter leur survenance. En ce sens, l'exercice de cartographie doit permettre d'analyser les différents types de risques, leurs causes, leurs conséquences potentielles, et d'en évaluer l'impact ainsi que la probabilité de survenance.

2.2.1. Les acteurs

Cette méthode doit être réalisée par des opérationnels précis chargés d'établir des *process* de prévention. Il peut s'agir :

- du risk manager ;
- de la direction juridique ;
- de la direction des assurances ;
- de la direction de la sécurité ;
- etc.

La personne en charge de la cartographie, doit dans un premier, temps assurer l'identification des risques afin, par la suite, d'établir des préconisations voire des plans d'action. Dans cette perspective, l'auditeur recense l'ensemble des documents pertinents et les analyse par thème en fonction de :

- l'activité de l'entreprise (statuts, K-Bis, bilans) ;
- l'environnement de l'entreprise (contrats-types signés avec les fournisseurs, réclamations des co- contractants, contrats relatifs aux marques, factures) ;
- l'organisation interne de l'entreprise (organigramme de l'entreprise ou du groupe, listes des mandats sociaux, contrats de travail) ;
- l'environnement de travail au sein de l'entreprise (document unique d'évaluation des risques professionnels, norme de sécurité, plan de circulation, fiche de poste, fiche d'exposition, formation et information sécurité, affichage et signalisation des dangers).

Une fois ces documents en sa possession, la cartographie des risques pourra être réalisée.

2.2.2. Les intérêts

En premier lieu, la cartographie des risques consiste à identifier les risques pénaux générés par toutes les activités de l'entreprise : facteurs de risques, risques permanents ou émergents, taux de gravité, taux de fréquence.

En deuxième lieu, l'identification du risque pénal va nécessairement de pair avec l'évaluation de celui-ci. Une fois le risque pénal identifié, il apparaît essentiel d'évaluer son degré d'occurrence et de gravité. L'opérationnel en charge procédera à l'analyse de ces risques et à leurs conséquences juridiques et opérationnelles. Afin de réaliser sa mission, il est conseillé de s'entretenir physiquement avec les salariés les plus exposés.

Enfin, un rapport comportant l'évaluation des recommandations, si nécessaire, est adressé à la direction de la société.

2.2.3. Les apports

Il faut retenir qu'une activité est par essence risquée et qu'il n'est en aucun cas possible d'éradiquer intégralement toutes les sources de risque. C'est pourquoi, l'identification joue un rôle stratégique dans la gestion des risques et permet à l'entreprise de faire face aux facteurs qui peuvent freiner sa performance.

3. L'atténuation du risque pénal

Une fois le risque identifié, il est essentiel pour la société d'agir.

3.1. Le contrôle des éléments « sensibles » ou « à risque »

Un contrôle renforcé doit s'effectuer sur les services ou personnels « sensibles » comme par exemple, la comptabilité, la recherche et développement, le secret industriel, les commerciaux agissant auprès d'autorités publiques nationales ou internationales.

Il en est de même sur les secteurs à risque : en cas de manipulation de produits ou machines dangereuses ou d'exposition à des dangers pour la santé, une attention toute particulière doit être donnée aux salariés en cause (contrôle de santé, formation, etc.) pour éviter tout accident.

Enfin, il est nécessaire de bien connaître son environnement commercial : clients (« KYC »), fournisseurs, actionnaires importants, cibles (due diligence), produits (veille technologique) ou concurrents (études de marché, veille stratégique).

3.2. Des ordres clairs et précis

La direction de l'entreprise doit donner des ordres clairs et précis tant sur l'application des règles générales (cadre légal, règlementaire, normatif) que des règles particulières (actions autorisées ou interdites sur tel chantier ou tel service). Il est recommandé de communiquer ces ordres par écrit, chaque fois que possible pour des raisons de preuve. Ainsi en cas de survenance d'accident ou de commission d'infractions en contradiction avec les ordres donnés, seul le salarié serait responsable.

3.3. La vidéosurveillance

Afin de se prémunir contre divers risques, l'entreprise peut mettre en place un système de surveillance.

3.3.1. La mise en place du système

Le système doit obligatoirement être proportionné au regard des intérêts protégés, conformément à l'article 1121-1 du Code du travail[1] et à l'article 9 du Code civil[2], qui consacre le droit de chacun au respect de sa vie privée.

Tant que le système mis en place est justifié par sa finalité, l'entreprise est dans son bon droit.

Il est donc possible d'installer des caméras dans un couloir ou dans un entrepôt à des fins de sécurité. Les caméras peuvent être installées au niveau des entrées et sorties des bâtiments, des issues de secours et des voies de circulation.

---

1 *« Nul ne peut apporter aux droits des personnes et aux libertés individuelles et collectives de restrictions qui ne seraient pas justifiées par la nature de la tâche à accomplir ni proportionnées au but recherché ».*

2 *« Chacun a droit au respect de sa vie privée. Les juges peuvent, sans préjudice de la réparation du dommage subi, prescrire toutes mesures, telles que séquestre, saisie et autres, propres à empêcher ou faire cesser une atteinte à l'intimité de la vie privée : ces mesures peuvent, s'il y a urgence, être ordonnées en référé ».*

Il est cependant interdit d'installer une caméra au-dessus du poste de travail d'un salarié afin de contrôler son activité.

3.3.2. Un système encadré

Tout système de vidéosurveillance doit faire l'objet d'une déclaration.

- Si l'entreprise n'est pas ouverte au public, la déclaration devra alors être effectuée auprès de la CNIL.
- Si l'entreprise est ouverte au public, la demande doit être faite à la préfecture. Le dispositif doit être autorisé par le préfet du département (le préfet de police à Paris). Le formulaire peut être retiré auprès des services de la préfecture du département ou être rempli en ligne.

Une demande sera nécessaire par établissement ou site.

A noter que si la société qui a mis en place des caméras a désigné un Correspondant informatique et libertés (CIL), aucune formalité n'est nécessaire auprès de la CNIL, le CIL devant noter ce dispositif dans son registre, pour toute information complémentaire, voir la fiche juridique FIEEC sur la vidéosurveillance dans le guide pratique « Utilisation des données personnelles dans l'entreprise ».

La société dispose en outre d'un devoir d'information vis-à-vis des salariés concernés par la mise en place du système de vidéosurveillance. En ce sens, elle est tenue :

- d'informer les salariés de l'existence du dispositif ;
- de renseigner le nom du responsable de la vidéosurveillance ;
- d'informer le salarié de la procédure à suivre pour demander l'accès aux enregistrements visuels le concernant. Une simple information par voie d'affichage dans les locaux de la société s'avère insuffisante.

En cas de non-respect de ces règles, la société s'expose à des sanctions financières.

3.4. Le contrôle des communications

L'employeur possède un droit d'accès libre au matériel et données informatiques utilisés sur le lieu de travail. En conséquence, l'employeur peut accéder :

- à l'ordinateur mis à la disposition de son salarié dans le cadre de son travail ;
- aux connexions internet du salarié[1] ;
- aux fichiers figurant sur le disque dur de l'ordinateur du salarié[2] ;
- aux mails ou SMS du salarié[3] ;
- et même aux outils appartenant au salarié connecté sur le réseau professionnel[4].

Il peut y accéder même en son absence, puisque ceux-ci sont présumés avoir un caractère professionnel[5], le salarié pouvant être obligé de laisser ses identifiants et mots de passe à cette fin[6].

Sur la forme, tout accès à ces données doit respecter les principes posés par la CEDH[7] : principe de transparence (avertissement préalable de l'existence de cette possibilité d'accès, des conditions d'accès, des raisons justifiant l'intervention, des garanties mises en place vis-à-vis de la vie privée), de pertinence (utilité et nécessité de l'accès) et de proportionnalité (absence d'autre moyen d'action que cet accès, respect des droits et garanties procédurales du salarié tel que le droit d'être assisté).

Ces éléments d'information exigés par la CEDH doivent être inscrits dans la charte informatique, qui doit être ratifiée par toute personne susceptible d'être l'objet d'une procédure de contrôle, préalablement à

[1] Soc. 9.10.2008, n°06-45.800.
[2] Soc. 10.05.2012, n°10-28.585.
[3] Soc. 13.11.2014, n°13-14.779.
[4] Pour une clé USB : Soc. 12.02.2013 n°11-28.649. Pour une critique et un appel à la prudence sur cette jurisprudence Jcl. comm, Fasc. 1192,. n°60 et s.
[5] Soc. 15.12.2010, n°08-42.486. Pour une absence liée à un congé maladie : Soc. 3.04.2019, n°17-20.953 et 17-20.955.
[6] La Cour de cassation, a ainsi considéré que l'employé était tenu de communiquer son mot de passe ou les fichiers en sa possession lorsque le bon fonctionnement de son entreprise dépend des données détenues par cet employé. Soc. 18 mars 2003, n°01-41.343.
[7] CEDH 5.09.2017, n°61496/08.

tout contrôle, puis rappelés et expliqués concrètement au moment de l'intervention du service informatique sur le poste du salarié.

Qu'en est-il des mails ou fichiers « personnels »

Par principe, il est interdit à l'employeur d'ouvrir, et plus encore de les utiliser comme élément de preuve, les documents, fichiers, mails, marqués « personnels » ou, bien que non marqués « personnels », dont le contenu se révèle ressortir de la vie privée.

L'employeur ne peut avoir accès aux mails/contenus personnels d'un salarié qu'en sa présence ou celui-ci dûment appelé, sauf risque ou évènement particulier[1].

Cette exception du « risque particulier » n'est malheureusement pas définie précisément par la jurisprudence - un auteur parlant de cas « d'urgence absolue » (sécurité informatique face à une attaque par ex.), un autre des « risques d'atteinte à une valeur sociale fondamentale » (le fichier peut révéler la commission d'une infraction par ex.) – il conviendra de bien les définir et circonscrire dans la charte informatique.

Or ces cas, pour obtenir ces éléments l'employeur peut solliciter du juge, via une requête sur le fondement de l'article 145 du Code de procédure civile, l'autorisation de procéder à leur saisie par huissier.

Conseil pratique : sauf urgence absolue et caractérisée, toute intervention sur le poste d'un salarié étant susceptible de toucher des données privées, il est conseillé de recourir par défaut à la procédure exigée pour l'accès aux données personnelles (présence du salarié ou celui-ci dûment appelé, explication de la procédure, sa nécessité, ses effets, respect de ses droits fondamentaux et garanties procédurales).

---

[1] Soc. 17.06.2009, n°08-40.274.

4. L'enquête interne

4.1. Les enjeux

L'enquête interne est une démarche qui vise à obtenir la compréhension détaillée d'une pratique ou d'un évènement. Les enquêtes internes peuvent concerner l'ensemble des sujets, qu'ils soient éthiques (corruption, blanchiment, trafic d'influence, etc.), commerciaux ou sociaux (accident du travail, discrimination, harcèlement, etc.). Elles peuvent être réalisées par toute personne morale de droit privé ou de droit public confrontée à des agissements internes pouvant entrainer des sanctions pénales ou administratives.

Si les enquêtes internes existent depuis de nombreuses années dans les entreprises, l'entrée en vigueur de la loi Sapin II a considérablement accru leur développement. Ces enquêtes peuvent être diligentée en cas d'alerte, de découverte de faits litigieux, d'intervention d'une autorité de poursuite ou de régulation ou dans le cadre d'une obligation contractuelle (bailleurs de fonds, fonds d'investissement, etc.).

L'enquête interne est une façon de contrôler les risques pour la réputation de l'entreprise mais également une manière d'amoindrir ou d'éviter certaines sanctions pénales. En effet, lorsque l'entreprise coopère avec les autorités, ces dernières sont plus enclines à aller vers une Convention judiciaire d'intérêt public (CJIP) ou un DPA et à permettre la négociation des sanctions.

Cela peut permettre de réduire le montant de l'amende, de réduire les publicités et d'éviter l'interdiction de répondre à des appels d'offres liés à une éventuelle sanction pénale. L'opportunité d'une négociation avec les autorités à l'issue d'une enquête interne peut avoir un réel enjeu économique.

En raison de ses compétences juridiques et de la déontologie à laquelle est soumis l'avocat pénaliste, ce dernier est l'acteur du droit le plus enclin à intervenir en tant qu'enquêteur. Dans ce cadre, le Conseil National des Barreaux a élaboré un guide « L'avocat français et les enquêtes internes » dont la dernière version a été publiée en juin 2020.

4.2. Les étapes de l'enquête

4.2.1. L'établissement du plan d'actions

L'avocat enquêteur va établir sa méthodologie et cadrer sa mission en exposant dans un premier temps les faits dont le client a connaissance en amont de l'enquête. Cela lui permet de déterminer le prisme de l'enquête.

Une fois le prisme établi, l'avocat-enquêteur déroule une chronologie des actions qu'il mène et donne des précisions sur les raisons de ces actions. Ce plan d'actions est validé par le client.

Le plan d'actions contient :

- Les mesures permettant de préserver et collecter les documents ;
- Les entretiens que l'avocat imagine avoir besoin de mener (cette donnée devra être complétée après avoir collecté et analysé les documents).

4.2.2. La collecte d'informations

La définition du périmètre de la collecte d'informations est réalisée en fonction du prisme de l'enquête. Cette collecte doit être proportionnelle au coût, à l'utilité et à la pertinence.

Les documents et les données nécessaires à l'enquête peuvent être sous format papier ou numérique. Afin d'assurer l'absence de destruction des preuves, il est nécessaire de mettre un terme à la destruction périodique des données qui peut être mise en place au sein de certaines structures et de faire des copies des serveurs pour éviter toute suppression.

Il est primordial d'informer les salariés de la collecte des données à défaut de quoi, si l'entreprise voulait utiliser ces preuves dans le cadre d'un procès, ces dernières seraient considérées comme illicites[1]. Cette collecte doit respecter la législation relative aux données personnelles. L'ensemble des informations collectées doivent être documentée et ne doivent faire l'objet d'aucune destruction.

---

[1] Cass. Soc. 10 janvier 2012, n°10-23.482.

Lors de la collecte ou de l'analyse, il peut être nécessaire de recourir à des prestataires internes et externes, notamment les membres de l'équipe informatique, des ressources humaines, comptable, juridique, etc. mais également des huissiers, d'experts comptables ou des entreprises de *forensic*.

Il demeure nécessaire, en toutes circonstances, de respecter les droits des salariés quant à leur vie privée et les investigations doivent être justifiées et proportionnées par rapport aux faits à l'origine de l'enquête[1].

L'ensemble des données collectées doivent être analysées, si besoin avec l'aide d'experts.

4.2.3. Les entretiens

Tenu d'un devoir de loyauté, l'avocat doit avertir le salarié, au besoin avec l'aide des ressources humaines ou du supérieur hiérarchique, de la tenue d'un entretien, du contexte et de son déroulement. Un délai raisonnable doit être laissé au salarié pour se préparer.

Il convient d'apprécier la nécessité de la présence d'un représentant du client lors de l'entretien selon que la liberté de parole soit entravée ou non, selon que la présence soit rassurante ou non, etc. Dans tous les cas, un compte rendu des échanges lui sera transmis.

L'avocat-enquêteur doit expliquer son rôle au salarié, ainsi que les raisons de sa présence. Il l'informe qu'il ne s'agit pas d'une mission coercitive, et qu'il n'a aucun pouvoir de contrainte. Il indique que le secret professionnel ne s'applique qu'entre son client et lui-même, non envers le salarié. Il indique enfin que le client peut transmettre les informations recueillies dans le cadre de cette enquête à des tiers et notamment aux autorités de poursuite.

Le salarié peut être assisté d'un avocat de son choix mais ce dernier sera rémunéré par l'entreprise lorsque le risque de contentieux est lié à l'exercice de ses fonctions[2], à moins que le salarié n'ait commis un abus de fonction[3].

---

1 CE, 2 mars 2020, n°418640.
2 Cass. Soc. 18 octobre 2006, n°04-48.612.
3 Cass. Soc. 5 juillet 2017, n°15-13.702.

Ne s'agissant pas d'un entretien préalable dans le cadre d'un licenciement, les dispositions du code du travail ne sont pas applicables dans le cadre de l'enquête interne[1]. La présence des délégués syndicaux ou des représentants du personnel n'est donc ni prohibée ni obligatoire mais il est rare que ces derniers soient présents.

L'avocat-enquêteur ne peut pas obliger le salarié à se présenter et ne peut le contraindre à rester s'il souhaite partir. Pour autant, le contrat de travail du salarié lui imposant d'exécuter ses missions en toute bonne foi et de faire preuve de loyauté[2], il peut être reproché par l'entreprise, sur un plan disciplinaire, un refus de coopération[3]. Il demeure ici un débat quant au droit au silence du salarié.

L'avocat enquêteur établit un compte-rendu pour chaque entretien à la suite d'un enregistrement (qui nécessite l'accord de tous et doit ensuite être détruit) ou d'une prise de note verbatim. La personne entendue doit en prendre connaissance et la signer sachant que cette dernière peut y ajouter des notes si elle le désire.

4.2.4. Le rapport d'enquête

L'enquête interne doit donner lieu à l'établissement d'un rapport de la part de l'avocat-enquêteur et ce dernier peut en tirer toutes les conséquences pour la personne morale.

4.2.5. Les suites

L'enquête interne est un avantage pour la personne morale qui peut atténuer ses sanctions par le biais de la Convention judiciaire d'intérêt public (CJIP) lorsque sa responsabilité pénale est susceptible d'être engagée mais la personne physique n'en bénéficie pas et sera sanctionnée à l'issue d'un procès pénale.

Si une infraction commise par un dirigeant ou un salarié est connue à l'issue de l'enquête interne, l'avocat pourra être en mesure d'assister l'entreprise dans le cadre de la procédure disciplinaire.

---

[1] Cass. Soc. 22 mars 2016, n°15-10.503.
[2] Article L.1222-1 du code du travail.
[3] CA Pau, 24 avril 2014, n°12/01540 : en l'espèce la salariée a reçu un avertissement pour avoir refusé de se présenter à un entretien.

L'avocat pourra également accompagner l'entreprise dans le cadre des mesures de réparation ou dans le cadre de sa défense pénale lorsque cela est nécessaire. Il devra discuter avec celle-ci de l'intérêt éventuelle d'une négociation avec les autorités françaises ou étrangères.

Section 2 : La protection du chef d'entreprise (la délégation de pouvoirs)

Dans de nombreux domaines, la responsabilité pénale du chef d'entreprise ou de l'employeur peut être engagée pour des manquements à la législation commis par ses « préposés ». Cette responsabilité réside dans l'idée que celui-ci commet une « faute » en ne s'assurant pas que ses salariés, qui relèvent de son contrôle et de son autorité, respectent la loi.

Afin de pallier l'impossibilité matérielle des dirigeants à veiller personnellement et en permanence à la stricte application de toutes les règles applicables dans l'entreprise[1], la jurisprudence a créé la délégation de pouvoirs. Ce mécanisme est l'un **des outils les plus efficaces pour prévenir le risque pénal au sein de l'entreprise.**

La délégation de pouvoirs est un acte juridique par lequel une personne *(le délégant)* se dessaisit d'une fraction de ses pouvoirs et les transfère à une autre personne *(le délégataire)*. Au sein de l'entreprise, le délégataire sera alors responsable pénalement, à la place du chef d'entreprise délégant, pour les fautes commises par les salariés placés sous son contrôle[2].

Ne pas confondre cet acte avec le contrat de mandat[3] : Il s'agit d'un contrat par lequel un mandant *(donneur d'ordre)* confie à un mandataire, le pouvoir de conclure en son nom et pour son compte, des actes juridiques. A la différence de la délégation de pouvoirs, les actes juridiques conclus par le mandataire lieront directement le mandant, qui sera le seul à être engagé juridiquement.

Ne pas confondre cet acte avec la délégation de signature. Le déléguant, délègue non pas ses pouvoirs, mais la faculté de signer des documents et actes énumérés dans la délégation au délégataire. La délégation de signature ne constitue qu'une mesure d'organisation interne du service qui, à la différence de la délégation de pouvoirs, ne modifie en rien la répartition des compétences.

---

[1] Crim., 28.06.1902, n°37 – Crim. 23.11.1950, n°267.

[2] Crim., 16.01.2002, n°01-81.829.

[3] Article 1984 du code civil : *« Le mandat ou procuration est un acte par lequel une personne donne à une autre le pouvoir de faire quelque chose pour le mandant et en son nom. Le contrat ne se forme que par l'acceptation du mandataire »*.

Il faut également différencier la délégation de signature de la délégation de pouvoirs pour des actes courants de la vie de l'entreprise qui n'entraînent pas automatiquement un transfert de la responsabilité pénale. Par exemple, il peut s'agir de représenter la société lors d'un contrôle fiscal.

Quelles sont les règles à respecter ? Quels en sont les effets ? Quelques recommandations pratiques ?

1. Les conditions de validité de la délégation de pouvoirs

Il n'existe aucune disposition législative encadrant le mécanisme de la délégation de pouvoirs. C'est pourquoi la jurisprudence est venue en préciser les principes de base.

Ces principes s'attachent à l'acte de délégation lui-même d'une part et aux qualités des délégants et délégataires d'autre part.

1.1. Les conditions relatives à la délégation

La délégation de pouvoirs n'est pas limitée à un domaine particulier. Si son domaine de prédilection est la transmission de la surveillance et de la bonne application de la législation sur l'hygiène et la sécurité des travailleurs, elle est également possible dans le domaine des règlementations comptables, fiscales ou environnementales.

Pour que cet acte puisse produire valablement effets, des conditions doivent être respectées. En effet, le transfert de la responsabilité pénale découlant de cet acte n'est pas neutre.

1.1.1. Les conditions de forme

La délégation de pouvoirs n'est soumise à aucune obligation de forme particulière. Elle se prouve donc en justice par tout moyen[1]. Néanmoins, **il est vivement conseillé de recourir à un écrit** pour des questions de **preuve**. Il pourra s'agir :

[1] Crim., 27.02.1979, n°78-92.381.

- d'un document *ad hoc* signé par le déléguant et accepté par le délégataire ;
- d'un avenant au contrat de travail, si celui-ci ne prévoit pas la possibilité d'une délégation de pouvoirs.

1.1.2. Les conditions de fond

Lorsqu'elle est prévue au contrat, la clause de délégation de pouvoirs doit remplir un certain nombre de conditions :

Certaine et non ambigüe

La délégation doit être expresse, c'est-à-dire qu'elle ne doit être ni douteuse ni ambiguë. En ce sens, délégant et délégataire doivent être identifiés clairement. L'ambiguïté de la clause rend en effet, la délégation sans effet.

Précise et limitée

Lors de la rédaction d'une délégation, il est important de **définir précisément l'objet de la délégation de pouvoirs**, pour bien déterminer, en cas d'infraction, qui engagera sa responsabilité entre le délégant et le délégataire. En effet, si l'infraction relève de la délégation, le délégataire engagera sa responsabilité.

Par conséquent, le chef d'entreprise doit mentionner de façon précise et exhaustive toutes les missions qu'il entend confier à son salarié.

Toute délégation de pouvoirs trop générale ou totale ne sera pas valide[1].

Stable et permanente

Aucune durée minimum n'est requise pour que la délégation de pouvoirs produise ses effets. Elle doit, malgré tout, avoir une **durée suffisamment longue pour que le délégataire ait eu assez de temps pour accomplir les missions.**

1 Crim., 28.01.1975, n°74-91.495.

Faute de temps, le délégataire ne pourrait se voir reprocher son inertie et sa responsabilité ne pourrait être engagée.

A noter qu'une délégation de pouvoirs à durée déterminée est possible. Dans ce cas, elle doit faire l'objet d'un écrit.

Antérieure à une éventuelle infraction

La délégation de pouvoirs doit être utilisée comme un outil de gestion opérationnelle et de prévention et non comme un moyen permettant à un dirigeant d'échapper à sa responsabilité[1].

Toute délégation convenue postérieurement à l'infraction est donc nulle.

Acceptation expresse du délégataire

Pour que la délégation puisse produire ses effets, **le délégataire doit avoir expressément accepté la délégation de pouvoirs.** Cette dernière ne peut lui être imposée[2]. Ainsi, il est préférable de s'assurer que le délégataire n'a pas formellement refusé la délégation de pouvoirs, afin d'éviter toute contestation future.

1.2. Les conditions relatives au délégant

La délégation de pouvoirs n'est pas seulement une faculté permettant au chef d'entreprise de se décharger de sa responsabilité. Il faut que ce dernier soit dans **l'impossibilité d'assurer personnellement une surveillance effective des activités et du personnel de l'entreprise, soit à cause de sa taille, soit du fait de la complexité de l'activité exercée**.

A noter : Si une seule de ces conditions de validité fait défaut, le délégant ne pourra plus être exonéré de sa responsabilité pénale.

[1] Crim., 21.06.1983, n°82-93. 874.
[2] Crim., 2.05.2007, n°06-87.590.

1.3. Les conditions relatives au délégataire

1.3.1. L'existence d'un rapport de subordination entre le délégant et le délégataire

Le délégataire doit être subordonné par un lien hiérarchique au délégant. Dans les faits, il s'agit souvent d'un salarié titulaire d'un contrat de travail avec la société concernée.

A noter que ce lien hiérarchique peut intervenir dans un groupe de sociétés ou un groupement d'entreprises.

1.3.2. Les trois critères cumulatifs attachés à la personne du délégataire

Tout salarié de l'entreprise concernée peut être désigné délégataire à condition qu'il dispose de l'autorité, de la compétence et des moyens nécessaires à l'exercice des missions qui lui ont été confiées.

L'autorité

Le délégataire doit être **suffisamment autonome dans l'accomplissement de sa mission.** Il doit donc disposer du pouvoir de donner des ordres, de les faire appliquer et de faire cesser toute situation à risque, notamment en lui octroyant le pouvoir disciplinaire sur les salariés placés sous son autorité. Juridiquement, on parle de « *réel pouvoir décisionnel* ».

CAS PARTICULIER :

Immixtion du délégant

Dans ce cas, les juges peuvent considérer que le délégant ne sera pas exonéré de sa responsabilité pénale. A titre d'exemple, les juges de cassation ont estimé « *qu'un salarié titulaire d'une délégation de pouvoirs en matière de sécurité au travail ne peut se voir reprocher une faute dans l'accomplissement de sa mission d'organisation et de surveillance qui lui a été confiée, lorsque le chef d'entreprise ou l'un de ses supérieurs hiérarchiques s'immisce dans le déroulement des tâches en rapport avec cette mission, supprimant ainsi l'autonomie d'initiative inhérente à toute délégation effective* » *(Crim. 21.11.2000).*

La compétence

Il s'agit de **l'aptitude du délégataire à exercer sa mission**. Au titre des compétences du délégataire, sont notamment pris en compte :

- son niveau de connaissance technique correspondant aux missions qui lui ont été déléguées ;
- sa connaissance de la législation à faire respecter ;
- sa fonction, son ancienneté et grade ;
- son expérience professionnelle.

A noter que les éléments pris en compte par les juges sont variables en fonction des domaines de la délégation[1].

Les moyens

Le délégataire doit également disposer des **moyens humains, matériels et financiers nécessaires** à l'accomplissement de ses missions. Cet acte s'adresse en conséquence à des personnes haut placées dans la hiérarchie et l'organigramme.

Attention ! Vous ne pouvez pas donner une délégation à plusieurs salariés pour la même mission. Le fait de confier à plusieurs personnes des missions identiques sur un même lieu et pour un même champ d'application aurait pour effet de priver chacune de ses personnes de leur autorité et Indépendance dans l'exercice de leur compétence.
Cette interdiction est cependant à mesurer en fonction de l'organisation de l'entreprise. Lorsque cette dernière est organisée en plusieurs branches autonomes et bien distinctes, alors plusieurs délégations de pouvoirs devront être conclues.

2. Les effets de la délégation de pouvoirs

Par principe, l'objet de la délégation de pouvoirs est de transférer la responsabilité du dirigeant au délégataire. Cependant, il existe des exceptions à ce transfert de responsabilité.

---

[1] Crim., 5.02.2002, n°01-81.470.

2.1. Le principe : le transfert de responsabilité

Lorsque les conditions de validité sont remplies, la délégation de pouvoirs emporte transfert des obligations de l'employeur et de sa responsabilité pénale sur le délégataire *(pour les missions qui lui ont été confiées)*. **Le délégataire sera donc responsable en lieu et place du délégant.**

2.2. Les exceptions au transfert de responsabilité

2.2.1. Participation du délégant à l'infraction

Malgré le recours à une délégation de pouvoirs, la responsabilité du délégant pourra être engagée, **lorsque ce dernier a personnellement participé à l'infraction[1] ou lorsqu'il a commis une faute distincte** de celle du délégataire.

Par exemple, le délégant verra sa responsabilité engagée en cas d'inertie alors qu'il a eu connaissance de faits lui permettant d'intervenir afin de prévenir ou d'éviter la survenance d'un accident.

2.2.2. Caducité de la délégation

Le délégataire peut se voir exonéré de sa responsabilité, **lorsque la personne du délégant change et qu'aucune modification n'a été apportée à la délégation de pouvoirs[2].**

Attention ! La Responsabilité civile du chef d'entreprise pourra tout de même être engagée.

La responsabilité civile du chef d'entreprise *(délégant)* peut toujours être engagée en raison des actes commis par un de ses salariés dans l'exercice de leurs fonctions. En effet, peu importe le fait que, par le jeu d'une délégation de pouvoirs, le salarié soit pénalement responsable.

Si le délégant est également dirigeant d'une société, la responsabilité du délégataire peut engager les responsabilités civiles et pénales de la personne morale dont il sera alors un « représentant » ***(cf. fiche « la société auteure d'infractions »).***

[1] Crim., 20.05.2003, n°02-84.307.

[2] Crim., 30.03.1999, n° 98-81.433.

Section 3 : La protection des salariés

La société doit veiller à protéger ses salariés contre toutes atteintes susceptibles de leur causer un dommage. En ce sens**, l'entreprise a une obligation légale**[1] **de prévenir les risques professionnels et de prendre les mesures nécessaires pour assurer la sécurité et protéger la santé physique et mentale des travailleurs** *(accidents du travail et maladies professionnelles).*

La santé et la sécurité des salariés sont donc des problématiques essentielles pour lesquelles la mise en place d'une organisation et de moyens adaptés semble nécessaire. Des actions de prévention des risques professionnels, des actions d'information et de formations pourront être mises en œuvre.

L'objectif est de limiter voire de supprimer les risques pour les travailleurs exposés à des dangers. **A** défaut de réaction, l'employeur pourra engager sa responsabilité.

Les salariés quant à eux, doivent respecter les règles dictées par la loi ainsi que celles internes à l'entreprise.

Par quels moyens, la société peut-elle protéger ses salariés ?

Quelles sont les mesures à mettre en place afin d'éviter l'engagement de la responsabilité du dirigeant ?

1. La formation des salariés en matière de sécurité du travail

A côté de l'obligation de formation continue, il existe la formation à la sécurité qui est une obligation issue de l'article L 4141-2 du code du travail[2].

1.1. Le champ d'application

Cette formation s'adresse à l'ensemble des employés quel que soit le type de contrat :

---

[1] Article L 4121-1 du Code du travail.
[2] Article L4141-2 du Code du travail.

- nouvellement embauchés ;
- sous contrat à durée déterminée ;
- sous contrat à durée indéterminée ;
- qui changent de poste de travail ;
- qui reprennent le travail après un arrêt de travail d'au moins 21 jours, à la demande du médecin du travail ;
- qui sont liés par un contrat de travail temporaire, exception faite de ceux appelés pour exécuter des travaux urgents nécessités par des mesures de sécurité et qui sont déjà dotés de la qualification nécessaire à cette intervention.

1.2. La mise en œuvre

La formation est réalisée à l'arrivée sur le site. Le médecin du travail et l'agent de sécurité, s'ils existent, sont associés par l'employeur à l'élaboration de ces actions.

Elle doit être dispensée en tenant compte de paramètres propres aux travailleurs *(la formation, la qualification, l'expérience professionnelle et les langues pratiquées*[1].

A noter que ces formations s'effectuent pendant l'horaire normal de travail et le temps passé est considéré comme du temps de travail.

Des organismes extérieurs à l'entreprise peuvent également concourir aux actions de formation[2] :

- l'Inspection du travail ;
- les Caisses régionales d'assurance maladie *(CRAM)* ;
- l'Institut national de recherche et de sécurité *(INRS)* ;
- l'Agence nationale pour l'amélioration des conditions de travail *(ANACT)*.

1.3. Le contenu

La formation en matière de sécurité au travail a pour objet d'informer le salarié des précautions à prendre pour assurer sa propre sécurité et, le cas échéant, celle de ses collègues.

---

1 Article R 4141-5 du Code du travail.

2 Articles R 4643-1 et R 4141-7 du Code du travail.

Tous les salariés doivent être formés sur les risques suivants :

Les risques liés à la circulation dans l'entreprise[1]

Cette formation a pour objet d'informer le salarié, des règles générales de circulation des véhicules et engins de toute nature sur les lieux de travail et dans l'établissement, de lui montrer les chemins d'accès aux lieux dans lesquels le salarié est appelé à travailler et aux locaux sociaux, de lui montrer les issues et dégagements de secours à utiliser pour les cas de sinistre et lui donner, si la nature des activités exercées le justifie, des instructions d'évacuation pour les cas notamment d'explosion, de dégagement accidentel de gaz ou liquides inflammables ou toxiques.

Les risques liés à l'exécution de son travail[2]

L'objectif est d'informer le salarié sur les comportements et les gestes les plus sûrs en ayant recours, si possible, à des démonstrations. Le fonctionnement des dispositifs de protection et de secours lui sont présentés. Cette formation sur les moyens de protection est fondamentale.

Les dispositions à prendre en cas d'accident sur les lieux de travail[3]

Cette formation a pour objet de préparer le salarié lorsqu'une personne est victime d'un accident ou d'une intoxication sur les lieux de travail.

1.4. Les actions particulières de formation

Des formations supplémentaires sont dispensées :

- **en cas de modification des conditions habituelles de circulation sur les lieux de travail** ou dans l'établissement ou de modification des conditions d'exploitation présentant notamment des risques d'intoxication, d'incendie ou d'explosion[4].

---

[1] Article R 4141-11 du Code du travail.
[2] Article R 4141-13 du Code du travail.
[3] Article. R 4141-17 du Code du travail.
[4] Article R 4141-12 du Code du travail.

- **en cas de création ou de modification d'un poste de travail** ou de technique exposant à des risques nouveaux et comprenant pour tout ou partie, l'emploi de machines, la manipulation et l'utilisation de produits chimiques, des opérations de manutention, la conduite d'appareils de levage et des engins de toute nature[1].

- **en cas d'accident du travail grave ou de maladie professionnelle ou à caractère professionnel grave l'employeur analyse les conditions de circulation ou de travail[2].**

1.5. Les formations spécifiques

Certaines activités nécessitent une formation à la sécurité spécifique et obligatoire en plus de l'obligation générale de formation à la sécurité valable pour tout poste de travail. Par exemple, il en est ainsi pour les travailleurs autorisés à effectuer des opérations sur les installations électriques. Il en est de même en ce qui concerne le travail en hauteur ou la conduite d'engin.

1.6. Les enjeux

La nécessité de mettre en place une formation en matière de sécurité est une obligation légale. A défaut de réalisation, le dirigeant est susceptible d'être sanctionné civilement et pénalement.

Par ailleurs, **la formation contribue à optimiser le fonctionnement de la société**, en participant à l'amélioration de la qualité du travail, la meilleure circulation de l'information, la prise en charge de nouveaux procédés et équipements, l'optimisation de l'organisation et la mise en place des tâches.

Enfin, la formation permet de rendre le **salarié plus performant et polyvalent**. La productivité de l'entreprise ainsi que sa capacité d'innovation augmentent donc en conséquence.

---

1 Article R 4141-15 du Code du travail.
2 Article R 4141-8 du Code du travail.

2. La préservation de la sécurité et de la santé des salariés

La mise en œuvre de l'obligation de sécurité suppose le respect de neuf principes généraux de prévention énumérés à l'article L 4121-2 du Code du travail :

- éviter les risques ;
- évaluer les risques qui ne peuvent être évités ;
- combattre les risques à la source ;
- adapter le travail à l'homme (...) ;
- tenir compte de l'état d'évolution de la technique ;
- remplacer ce qui est dangereux par ce qui n'est pas dangereux ou qui est moins dangereux ;
- planifier la prévention en y intégrant, dans un ensemble cohérent, la technique, l'organisation du travail, les conditions de travail, les relations sociales et l'influence des facteurs ambiants, notamment en ce qui concerne les risques liés au harcèlement moral ;
- prendre des mesures de protection collective en leur donnant la priorité sur les mesures de protection individuelle ;
- donner les instructions appropriées aux travailleurs.

L'employeur doit informer, lors de l'embauche et chaque fois que nécessaire, les salariés des risques encourus pour leur santé et leur sécurité dans le cadre de leur travail et des mesures prises pour y remédier. Un certain nombre de mesures doivent également être prises.

2.1. Evaluer les risques : le document unique sur les risques professionnels

Selon l'article R4121-1 du Code du travail, **toute entreprise**, quelque que soit sa taille et son secteur d'activité, doit **élaborer un document unique appelé document unique d'évaluation des risques professionnels** *(DUERP)*. Ce document liste les différents risques professionnels identifiés dans chaque unité de travail. Il comporte :

- un inventaire des risques identifiés dans chaque unité de travail de l'entreprise,
- le classement de ces risques,
- les propositions d'actions à mettre en place.

Ce document transcrit les résultats de l'évaluation des risques professionnels au sein de l'entreprise.

L'intérêt de ce document est d'aider à mettre en place avec le CSSCT, les actions de prévention visant à réduire voire à supprimer les risques ainsi qu'à réduire la fréquence et la gravité des accidents du travail et des maladies professionnelles.

Il conduit notamment à la préparation d'un programme annuel de prévention des risques professionnels. Ce document doit être mis à jour à chaque modification dans la société ainsi qu'au moins une fois par an. Il peut être consulté notamment par les salariés, les représentants du personnel et l'Inspecteur du travail.

2.2. L'établissement d'une fiche de prévention

Dans l'entreprise où des facteurs de risques particuliers existent, l'employeur doit établir une fiche d'expositions pour chaque travailleur exposé au-delà de certains seuils. Ce document comprend :

- les données collectives utiles à l'évaluation des expositions individuelles aux facteurs de pénibilité permettant de faciliter l'établissement des fiches de prévention des expositions,
- la proportion de salariés exposés aux facteurs de pénibilité au-delà des seuils prévus.

Lorsque cette fiche existe, elle doit aussi être consignée en annexe du DUERP.

2.3. L'établissement de consignes de sécurité par poste et équipement[1]

Des « fiches de poste » affichées près des équipements de travail doivent expliquer :

- leurs conditions d'utilisation ou de maintenance et les risques encourus ;

[1] Article R 4323-1 du Code du travail.

- les moyens de protection utiles ou nécessaires ;
- les instructions ou consignes les concernant notamment celles contenues dans la notice d'instructions du fabricant ;
- la conduite à tenir face aux risques du poste ou aux situations anormales prévisibles ;
- les conclusions tirées de l'expérience acquise permettant de supprimer certains risques.

Des consignes précises doivent également être accessibles concernant l'exposition à certains risques ou produits. Ces consignes peuvent être transmises à travers les panneaux de signalisation en plus des explications écrites.

2.4. Le « quart d'heure » sécurité

Il est nécessaire de communiquer régulièrement sur les consignes de sécurité. Cependant, la communication dans l'entreprise n'est pas toujours chose aisée. L'identification des risques varient en fonction des services et des attentes de chacun.

La pluralité des messages et la diversité des moyens de communication ne facilitent pas la tâche. C'est pourquoi, le « quart d'heure » sécurité se révèle être un bon outil pour faire passer l'information.

2.4.1. Définition

Cette communication est consacrée à la **transmission d'informations relatives notamment à la santé, la sécurité au travail, la qualité, l'environnement et l'hygiène**. Il ne dure que quelques minutes, *(souvent au début du temps de travail)*, et comprend la formulation des consignes, la réponse aux questions des personnes et le contrôle des connaissances.

Le « quart d'heure » sécurité a plusieurs intérêts :

- la réunion dans un temps très court des personnes concernées par le thème qui est à l'ordre du jour ;
- le partage entre les travailleurs ;
- l'assurance de la compréhension des messages.

2.4.2. Mise en pratique

La communication doit être claire, précise et ciblée. Elle ne doit pas être ni trop longue ni trop courte. Les mots employés doivent être compréhensibles de tous. **L'objectif est que ces messages soient compris et donc appliqués par tous.**

Le « quart d'heure » sécurité peut être complété par la distribution de documents comme par exemple, des livrets montrant en image les gestes exigés ou interdits.

- C'est en procédant de la sorte que l'entreprise peut rassembler ses forces vives autour d'un projet commun, comme par exemple : *« objectif zéro accident »* ou *« objectif zéro défaut.*

Le message transmis lors de ce « quart d'heure » doit être choisi en fonction des orientations de l'entreprise et doit s'inscrire dans sa stratégie globale de communication. Dans la pratique, il existe deux techniques :

- la première consiste à **évoquer un thème général**, en rappelant les risques associés, et les actions envisageables pour l'encadrer et le limiter.
- la seconde consiste à **choisir une problématique** précise directement liée aux projets en cours.

Par exemple, le « quart d'heure » sécurité peut concerner :

- la prévention des incendies et des explosions dans l'entreprise ;
- le risque électrique dans les bâtiments ;
- la sécurité sur les machines ;
- la prévention du risque routier ;
- le respect des règles d'hygiène ;
- la compréhension de la politique et des objectifs menés par la Direction ;
- la minimisation des conflits internes ou externes ;
- la connaissance des indicateurs qualité de production au sein des services ;
- le renforcement des valeurs environnementales.

Les remontées d'accidents ou d'incidents peuvent également donner lieu à une analyse de leurs causes et à la recherche de solutions pour éviter qu'ils ne se reproduisent. A noter cependant que le « quart d'heure » sécurité a pour origine une portée préventive.

2.4.3. Les intérêts

Quel que soit le poste occupé, la qualification et l'ancienneté d'un salarié dans une société, il apprécie toujours d'être convié à des échanges d'informations sur son lieu de travail. Cette information ne fera que **renforcer son sentiment d'appartenance à son organisation**.

En développant ces carrefours d'information, la société participe à l'amélioration de la politique de prévention du risque dans l'entreprise tout en entretenant la motivation des collaborateurs.

2.5. L'aménagement des locaux de travail

Les locaux de travail doivent être aménagés de façon à garantir la sécurité des travailleurs. Ils doivent être tenus dans un état constant de propreté et présenter les conditions d'hygiène et de salubrité nécessaires.

Les installations, les dispositifs techniques et de sécurité doivent être entretenus et vérifiés régulièrement. Un certain nombre de normes particulières doivent être mises en place notamment en ce qui concerne :

- la protection contre le bruit ;
- l'aménagement des postes informatiques *(de manière à limiter le stress, la fatigue visuelle, les douleurs dorsales)* ;
- la signalisation des zones de danger ;
- l'assainissement des locaux et les installations sanitaires.

3. La violation de l'obligation de sécurité

La violation de l'obligation de sécurité entraîne des conséquences de différentes natures.

3.1. Le droit d'alerte et de retrait

La loi n° 82-1097 du 23 décembre 1982 a reconnu à tout salarié un droit d'alerte et de retrait face à un danger grave, c'est-à-dire **susceptible d'entraîner des conséquences sérieuses,** dangereuses pour un salarié. Il doit également être imminent soit **avoir lieu dans un avenir très proche.**

Par conséquent, il y a danger grave et imminent lorsqu'on est en présence d'une menace susceptible de provoquer une atteinte sérieuse à l'intégrité physique d'un travailleur, dans un délai très rapproché.

La notion de danger grave et imminent concerne plus particulièrement les risques d'accidents, puisque l'accident est dû à une action soudaine.

► La vitesse de réalisation du dommage importe peu. Que le dommage se réalise progressivement ou instantanément est sans conséquence.

A titre d'exemple, le danger peut provenir d'une machine ou d'un processus de fabrication. Ainsi, les juges ont considéré que le salarié travaillant dans un local insalubre, mal éclairé, soumis à des émanations de gaz, non chauffé, entre 13 et 15 °C, avait un motif raisonnable de penser que sa santé était menacée par un danger grave et imminent.

3.2. Le droit d'alerte[1]

Au sein de la société, deux acteurs peuvent exercer leur droit d'alerte :

Le salarié

L'alerte peut être donnée **verbalement** par le salarié mais la conclusion d'un écrit est préférable à titre de preuve.

Un représentant du personnel au CSE

Le représentant du personnel au comité social et économique, qui constate qu'il existe une cause de danger grave et imminent, notamment

[1] Article L. 4131-1 du code du travail.

par l'intermédiaire d'un travailleur, doit en alerter immédiatement l'employeur[1].

3.3. Le droit de retrait[2]

L'exercice du droit de retrait nécessite, au préalable ou de manière concomitante, l'utilisation de la procédure d'alerte.

L'exercice du droit de retrait nécessite, au préalable ou de manière concomitante, l'utilisation de la procédure d'alerte.

Le droit de retrait est un droit du salarié, il ne constitue en aucun cas une obligation. Le non-exercice du droit de retrait ne pourra dédouaner l'employeur.

La durée du retrait dépend de la nature du danger grave et imminent. Une fois le danger constaté, l'employeur doit ordonner les mesures nécessaires à la limitation ou à la suppression de ce danger.

Lorsque l'employeur considère qu'il n'existe pas ou plus de danger grave et imminent, il peut ordonner au salarié de retourner à son poste de travail. En cas de refus du salarié, il doit essayer de le convaincre qu'il n'existe plus de motif raisonnable de ne pas exercer son activité.

A l'inverse, l'employeur ou son représentant ne peut demander au salarié de reprendre son activité s'il persiste un danger grave et imminent. En cas d'exercice régulier du droit de retrait, aucune sanction, aucune retenue de salaire ne peut être prise à l'encontre d'un salarié ou d'un groupe de salariés qui s'est retiré d'une situation de travail pour laquelle il avait un motif raisonnable de penser qu'elle présentait un danger grave et imminent.
Le salarié doit percevoir sa rémunération comme s'il avait poursuivi son travail, quelle que soit la durée du retrait.

En cas d'exercice irrégulier du droit de retrait, lorsqu'un salarié a commis une erreur d'appréciation, ce dernier ne peut être sanctionné, dès lors qu'il avait un motif raisonnable de croire à l'existence du danger grave et imminent.

---

[1] Article L. 4131-2 du code du travail
[2] Article. L. 4131-1 du Code du travail al. 2.

3.4. Le contrôle de l'Inspection du travail

Les règles de sécurité dans l'entreprise peuvent être contrôlées, à tout moment, par l'Inspection du travail qui peut procéder aux mesures suivantes *(par ordre de priorité)* :

- se faire communiquer tout document ou tout élément d'information utile ;
- dresser des procès-verbaux et mettre en demeure l'employeur en cas d'infraction ;
- saisir le juge de référés en cas de risque sérieux d'atteinte à l'intégrité physique d'un travailleur ;
- prescrire toutes les mesures utiles *(notamment, en cas de danger grave et imminent, l'arrêt temporaire des travaux sur certains chantiers)*.

L'employeur qui manque à son obligation de sécurité, engage sa responsabilité civile en cas d'accident du travail ou de maladie professionnelle du salarié. Ce dernier est également passible de sanctions pénales *(amendes et, dans certains cas, peines d'emprisonnement)*.

A noter que **depuis la loi du 3 juin 2016[1], les Inspecteurs du travail ont le droit au même titre que les policiers** de procéder à des *« auditions libres au cours desquelles ils peuvent interroger toute personne contre qui il y a des raisons plausibles de soupçonner qu'elle a commis ou tenté de commettre une infraction »*.

Ces derniers doivent notamment respecter l'obligation de notifier ses droits au mis en cause (*droit de connaître la qualification, date et lieu de l'infraction, droit à un avocat, droit à un interprète, droit de partir des locaux…)*.

3.5. Les sanctions civiles, pénales et administratives

En cas de non-respect de l'obligation de sécurité, des sanctions civiles pénales ou administratives pourront être prononcées.

---

[1] Loi n° 2016-731 du 3 juin 2016 renforçant la lutte contre le crime organisé, le terrorisme et leur financement, et améliorant l'efficacité et les garanties de la procédure pénale.

3.6. Les sanctions civiles et pénales

Les infractions relevées par la police ou l'Inspection du travail peuvent être poursuivies par le parquet et faire l'objet d'une audience de jugement devant la juridiction pénale compétente *(tribunal de police, tribunal correctionnel).*

La capacité de sanction pénale de l'Inspection du travail a été renforcée en 2016[1]. Les articles L 8114-4 et suivants du Code du travail ouvrent désormais la possibilité à l'inspection du travail de proposer au chef d'entreprise fautif, une transaction pénale.

Lorsque le manquement aux règles de sécurité cause un dommage corporel, le dirigeant de la société employeuse et la personne morale elle-même peuvent être poursuivies pour les infractions de mise en danger d'autrui[2], blessures involontaires[3] voire homicide involontaire[4].

3.7. Les sanctions administratives

L'Ordonnance n° 2016-413 du 7 avril 2016 a accordé à l'inspection du travail de nouveaux pouvoirs de sanctions administratives.

A compter du 1er juillet 2016, sera puni d'une amende pouvant aller jusqu'à 10.000 euros par salarié. Le fait pour l'employeur de ne pas se conformer aux mesures qui peuvent être ordonnées par l'Inspecteur du travail afin :

- de soustraire immédiatement un travailleur d'une situation de danger grave ou imminent pour sa vie ou sa santé ;
- de faire cesser l'activité exposant le salarié à un agent cancérigène, mutagène ou reprotoxique ;
- de procéder à certaines vérifications de mesures ou d'analyses.

---

1 Ordonnance n° 2016-413 du 7 avril 2016 et loi n°2016-731 du 3 juin 2016.

2 Article 223-1 du Code pénal.

3 Article 222-19 et suivants du Code pénal.

4 Article 221-6 du Code pénal.

Des amendes sont également prévues en cas de manquement au temps de travail, au temps de repos, ou aux conditions de travail dans les entreprises de bâtiment et leurs chantiers.

CHAPITRE 2
La gestion défensive « active » face à la survenance des risques pénaux

Section 1 : La société auteure d'infractions pénales

La société en tant que personne morale peut être jugée responsable et condamnée pour tout agissement juridiquement réprimé. Toutefois, sa responsabilité pénale ne peut être engagée que par des agissements commis par des personnes physiques.

Ces personnes physiques doivent, en premier lieu, avoir le pouvoir d'agir au nom de la société. En ce sens, ils doivent être des « *organes* » ou « *représentants* » de celle-ci. En second lieu, ces personnes physiques doivent vouloir agir dans l'intérêt de la société.

L'intention et l'implication de la personne physique déterminera sa position face aux poursuites du Procureur de la République et la répartition des responsabilités entre elle et la personne morale.

Dans quelles conditions et proportions la société et son dirigeant peuvent-ils voir leurs responsabilités engagées ?

1. Les modalités de répartition des responsabilités entre personnes physiques et morales

Jusqu'en 1994, le système pénal français n'admettait qu'une seule responsabilité, celle des personnes physiques. Il était donc impossible d'engager des poursuites à l'encontre des personnes morales. Cependant, la responsabilité des dirigeants était jugée insuffisante face à l'importance croissante des personnes morales.

Désormais, **lorsqu'une infraction est commise dans l'intérêt de la société, le Procureur de la République a le choix :** il peut ne poursuivre que la personne morale *(la société),* la personne physique *(le dirigeant ou l'auteur des faits)* ou les deux.

1.1. La responsabilité de la société (personne morale)

L'article 121-2 du Code pénal pose le principe selon lequel : « *Les personnes morales, à l'exclusion de l'Etat, sont responsables pénalement, des infractions commises, pour leur compte, par leurs organes ou représentants* ».

Les « *organes* » sont considérés comme étant **les dirigeants légaux et statutaires de la société ayant le pouvoir d'agir en son nom.** Il s'agit du gérant d'une SARL, du PDG, du Président du Conseil d'Administration, du Directeur Général, du Président du Directoire dans une SA ou une SAS.

La responsabilité pénale de la société peut également être engagée par **les représentants** de la société. Cette notion est entendue comme **toute personne ayant également reçu pouvoir d'agir au nom de la société.**

Il peut s'agir de l'administrateur judiciaire[1] *(qui reçoit ce pouvoir du juge)*, d'un salarié ayant reçu une délégation de pouvoirs valide *(qui reçoit ce pouvoir du dirigeant)*[2].

Cette notion de « *représentant* » est entendue largement par la jurisprudence[3]. Ont pu être ainsi considérés comme des représentants, les membres de la hiérarchie de l'entreprise dépourvus de délégation de pouvoirs mais *« participant aux pouvoirs de l'employeur »*[4].

L'article 121-2 du Code pénal précise également **que l'infraction commise par l'organe ou le représentant ne peut engager la responsabilité de la personne morale qu'à la condition que ces agissements aient été effectués « *pour son compte* ».** Un lien entre l'infraction pénale et l'activité de la société *(son organisation, son fonctionnement, ses objectifs)* est donc nécessaire.

Il convient donc de vérifier que la responsabilité est bien celle de la personne morale et non de personnes physiques, bien que les faits de la personne morale soient accomplis par des personnes physiques.

---

2 Crim., 01.01.1998, n°97-80.560.
3 Crim. 6.04.2004, n°02-88.007.
4 Crim. 6 .04. 2004, n°02-88.007.

Dans un arrêt daté du 25 novembre 2020 (18-86.955) rendu en « formation solennelle » pour lui donner un poids maximal, la chambre criminelle a opéré un « revirement » de sa jurisprudence et a rendu les armes .

Désormais, elle admet et autorise que la société absorbante soit poursuivie et condamnée pénalement pour des faits constitutifs d'une infraction commise par la société absorbée avant l'opération de fusion-absorption - en l'espèce la destruction involontaire d'un entrepôt d'archives par l'effet d'un incendie.

Toutefois, ce revirement est expressément limité :
i) aux fusions de SA et par extension aux SAS ;
ii) aux peines d'amendes et de confiscation ;
iii) et dès lors qu'elles interviennent après la date de ce revirement (pas d'effet rétroactif aux fusions déjà réalisées).

Enfin, la Cour prévoit le cas de la fusion-absorption dont le but serait justement d'éviter la poursuite de l'absorbée. Cette « fraude » est sévèrement sanctionnée : « l'effet illicite recherché devant être considéré comme non avenu, toute peine encourue par la société absorbée [plus seulement ici les amendes et confiscation] peut être prononcée à l'encontre de la société absorbante ». Sanction applicable immédiatement (donc aux fusions déjà effectuées, la Cour considérant que cet avis, bien que très mal connu, n'est pas nouveau) et à toutes les formes sociales (donc y compris SARL).

1.2. La responsabilité du dirigeant (personne physique)

Le dirigeant qui agit pour son seul intérêt personnel verra sa seule responsabilité engagée.

1.3. Le cumul de responsabilités

Le cumul de responsabilités du dirigeant et de la société peut évidemment être envisagé lorsque l'acte a été commis, dans les conditions décrites, pour le compte de la personne morale.

A noter qu'il est rare que le parquet ne poursuive que la personne physique. En effet, la responsabilité de la personne morale est souvent recherchée notamment en raison de sa solvabilité.

1.4. Le cas particulier de la responsabilité des associés

La responsabilité des associés peut également être recherchée. C'est plus souvent le cas lorsque la société est en liquidation. Dans ce cas, il est important de bien connaître les statuts de la société, l'engagement de la responsabilité étant différent selon les types de sociétés.

1.5. Le cas particulier des blessures et homicides involontaires

Selon l'article 121-3 du Code pénal, lorsqu'un manquement à une règle de prudence ou de sécurité cause un accident, les conditions de responsabilité sont différentes pour la personne physique et la personne morale. Il s'agit d'une exception au principe général de la responsabilité des personnes morales et des dirigeants.

Les personnes morales et les personnes physiques ayant été en lien direct avec l'accident *(c'est-à-dire en contact physiquement ou par objet interposé avec la victime)* voient leur responsabilité engagée sur la preuve d'une « faute simple » *(négligence, imprudence, manquement à une règle de sécurité particulière ou générale).*

A l'inverse, les personnes physiques qui n'ont pas de lien direct avec l'infraction mais dont le comportement a permis sa commission, ce qui inclut les dirigeants, ne peuvent être condamnées que s'il est prouvé une « faute lourde » c'est-à-dire :

- soit la violation de façon manifestement délibérée d'une obligation particulière de prudence ou de sécurité prévue par la loi ou le règlement qui s'imposait à l'auteur[1]. Il doit être prouvé que l'auteur pouvait éviter cette violation.
- soit la commission d'une faute « caractérisée » qui a exposé autrui à un risque d'une particulière gravité qui ne pouvait être ignoré par l'auteur. La jurisprudence a notamment indiqué qu'aucune faute caractérisée ne

[1] Crim., 14.10.1997, 96-83.356.

pouvait ainsi être retenue contre le chef d'entreprise dont le salarié avait effectué une tâche non prévue et/ou non ordonnée et ainsi pris un risque qu'il ne pouvait pas prévenir.

2. Les infractions retenues contre les sociétés

Un certain nombre d'infractions peuvent être commises par la société.

2.1. Les infractions liées au domaine des affaires : corruption, trafic d'influence, entente et favoritisme

Ces infractions ont pour point commun de réprimer la collusion entre deux personnes, l'une possédant certaines prérogatives découlant de ses fonctions que l'autre entend exploiter.

2.2. La corruption et le trafic d'influence

Ces infractions correspondent au fait de proposer ou donner directement ou indirectement quelque chose à un dépositaire de l'autorité publique pour :

- avoir accompli un acte en son pouvoir ou facilité par sa fonction ;
- ou que celui-ci fasse ou ne fasse pas un acte en son pouvoir ou facilité par sa fonction ;
- ou qu'il use de son influence réelle ou supposée au profit de son corrupteur.

Du point de vue de la personne qui propose ou octroie l'avantage *(corrupteur)*, il s'agit d'une corruption active[1] ; du point de vue de la personne dépositaire de l'autorité publique qui sollicite ou reçoit cet avantage *(le corrompu)*, il s'agit d'une corruption passive[2].

A noter que **la loi du 9 décembre 2016 relative à la transparence, à la lutte contre la corruption et à la modernisation de la vie économique impose de nouvelles obligations dans la lutte contre ces infractions** *(voir Iere partie)*.

---

1 Article 433-1 du Code pénal.
2 Article 432-11 du Code pénal.

Cette loi a également créé l'« *Agence française anticorruption* » et sa Commission des sanctions ayant le pouvoir d'enjoindre la société d'adapter les procédures de conformité internes et de prononcer des sanctions financières si ces obligations ne sont pas respectées.

2.3. L'entente[1]

Il s'agit d'un accord ou d'une action concertée qui a pour objet ou peut avoir pour effet d'empêcher, de restreindre ou de fausser le jeu de la concurrence sur un marché de produits ou de services déterminé. Par exemple, sera sanctionné le fait de fixer un prix plancher ou de se répartir des clients et marchés.

S'il est admis qu'une entreprise puisse s'adapter au comportement de ses concurrents. Il est en revanche interdit de modifier son comportement à la suite d'informations obtenues sur ses concurrents, lorsque ces informations conduisent à restreindre la concurrence sur le marché.

Il convient alors, tant pour les entreprises que pour les organisations professionnelles, d'être très vigilants sur les informations communiquées et de veiller au respect des règles en matière de concurrence.

2.4. Le favoritisme[2]

L'incrimination de favoritisme est retenue dès lors qu'une personne ayant le pouvoir d'attribuer des marchés publics donne « un avantage injustifié » à une personne et viole les règles ayant pour objet de garantir la liberté d'accès et l'égalité des candidats. La société qui bénéficie de cet avantage est quant à elle en situation de « recel » de favoritisme.

---

[1] Article L420-1 du Code de commerce.
[2] Article 432-14 du Code pénal.

Nos conseils afin d'éviter la survenance de ces infractions :

- attirer l'attention des salariés en contact avec des autorités publiques aux problématiques de corruption, de recel de favoritisme et d'entente
- établir une politique claire sur ces points, notamment, en avertissant que la société se séparera de tout salarié coupable et se considérera comme victime de ses agissements.

A défaut de ces précautions, elle pourrait, ainsi que ses dirigeants, être poursuivie aux cotés de ce salarié *(cf. fiche la société auteure d'infractions).*

2.5. Les infractions liées au domaine du droit du travail : travail dissimulé, harcèlement, discrimination, hygiène et sécurité

La société a l'obligation légale de mettre en œuvre un certain nombre de dispositifs à l'égard des salariés *(cf chap. 4 sur la protection des salariés).* Le salarié est, en effet, considéré comme étant la partie faible au contrat. En conséquence, certains comportements sont proscrits à l'entreprise.

2.6. Le harcèlement moral

Le harcèlement moral est défini et prohibé aussi bien dans le Code du travail[1] que dans le Code pénal[2], qui interdisent tous deux les agissements répétés d'une personne ayant pour objet ou pour effet d'entraîner une dégradation des conditions de travail de la victime au point de :

- porter atteinte à ses droits et à sa dignité ;
- ou d'altérer sa santé physique ou mentale ;
- ou de compromettre son avenir professionnel.

[1] Article L1152-1 du Code du travail.
[2] Article 222-33-2 du Code pénal.

Les actes de harcèlement peuvent revêtir des formes diverses et variées. Par exemple, seront sanctionnés, les faits suivants :

- le dénigrement ;
- les critiques injustifiées[1] ;
- « la mise au placard » ;
- la privation d'outils de travail[2];
- la pression disciplinaire ;
- des menaces, insultes, gestes déplacés ;
- la surcharge de travail anormale ;
- Etc.

La société en tant que garante de la sécurité et la santé de ses salariés doit prévenir et agir rapidement et efficacement face au harcèlement moral. Par conséquent, il est recommandé aux entreprises de porter à la connaissance des salariés les textes de loi relatif, de collaborer avec les représentants du personnel et, s'il existe, le CSSCT et de procéder à une enquête en cas de suspicion.

Pour sanctionner l'agissement en cause, la dégradation des conditions de travail n'a pas besoin d'être réalisée, la simple possibilité de ses conséquences négatives suffit[3].

En cas de plainte, le salarié victime peut se tourner vers l'inspection du travail, le CSSCT et les représentants du personnel ou saisir le Conseil des prud'hommes ou la juridiction pénale.

Les personnes dénonçant un harcèlement moral ou s'y opposant ne peuvent pas être sanctionnées[4].

Il peut y avoir des sanctions seulement dans le cas où cette dénonciation est de mauvaise foi, si la personne dénonce des faits qu'elle sait faux dans un seul but de nuisance ou pour faire pression sur son employeur par exemple dans le cadre d'un litige prud'homal. Dans cette hypothèse, l'employeur innocenté pourra agir disciplinairement et/ou judiciairement pour dénonciation calomnieuse.

---

[1] Soc., 8.07.2009, n°08-41638.
[2] Soc., 29.06.2005, n°03-44055.
[3] Crim., 6.12.2011, n° 10-82.266.
[4] Article L1152-2 du Code du travail.

2.7. La discrimination

La discrimination au travail est définie et sanctionnée aux articles 225-1 à 225-4 du Code pénal : *« Constitue une discrimination toute distinction opérée entre les personnes physiques à raison de leur origine, de leur sexe, de leur situation de famille, de leur grossesse, de leur apparence physique, de leur patronyme, de leur lieu de résidence, de leur état de santé, de leur handicap, de leurs caractéristiques génétiques, de leurs mœurs, de leur orientation ou identité sexuelle, de leur âge, de leurs opinions politiques, de leurs activités syndicales, de leur appartenance ou de leur non-appartenance, vraie ou supposée, à une ethnie, une nation, une race ou une religion déterminée ».*

Le Code du travail interdit également tout refus d'embauche, sanction ou différence de traitement fondés sur la discrimination[1].

La discrimination peut être :

- directe lorsqu'elle est nettement visible, voire affichée ou revendiquée. Par exemple, si une annonce d'emploi refuse les femmes avec enfants ;
- ou indirecte, quand des mesures apparemment neutres défavorisent, de fait, de façon importante, une catégorie de personnes.

Ces dispositions ne font pas obstacle aux différences de traitement, lorsqu'elles répondent à une exigence professionnelle essentielle et déterminante et pour autant que l'objectif soit légitime et l'exigence proportionnée. Par conséquence, toute décision de l'employeur *(embauche, promotion, sanctions, mutation, licenciement, formation…)* doit être prise en fonction de critères professionnels et non sur des considérations d'ordre personnel, fondées sur des éléments extérieurs au travail *(sexe, religion, apparence physique, nationalité, vie privée…)*. A défaut, des sanctions civiles et pénales sont encourues.

2.8. Le travail illégal[2]

L'expression « travail illégal » est juridiquement consacrée par la loi n° 2005-882 du 2 août 2005 en faveur des petites et moyennes entreprises.

---

[1] Article L. 1132-1 du Code du travail.
[2] Article L8211-1 du Code du travail.

Il existe plusieurs formes de travail illégal : le travail dissimulé, le marchandage, le prêt illicite de main-d'œuvre, l'emploi irrégulier de travailleurs étrangers ou les cumuls irréguliers d'emplois.

Concernant le travail dissimulé, est incriminé la dissimulation d'activité (exercice d'une activité sans demander l'immatriculation obligatoire au registre concerné ou sans procéder aux déclarations fiscales et sociales) et la dissimulation d'emploi salarié (absence de déclaration préalable à l'embauche, non remise des bulletins de paye ou remise de bulletins indiquant un nombre d'heures inférieure à celui réellement accompli, fraude aux cotisations sociales).

Ces infractions sont sanctionnées pénalement qu'elles soient commises par « l'employeur direct » ou par personnes interposées.

Toutefois, il est très difficile de savoir pour l'entreprise donneuse d'ordre si son sous-traitant respecte le droit.

Pour pallier ce problème, le législateur a posé en principe que l'entreprise principale ne peut être considérée comme ayant connaissance de l'illégalité de la situation et condamnée que si elle ne respecte pas un ensemble de « vérifications ».
Elle doit ainsi se faire remettre par son cocontractant, lors de la conclusion du contrat de sous-traitance et tous les six mois jusqu'à la fin de l'exécution de ce contrat :

i) la liste nominative des salariés étrangers qu'elle emploie (comportant nom, nationalité, date d'embauche, numéro et type du titre de séjour), et pour lesquels une autorisation de travail est nécessaire (contre le travail d'étrangers en situation irrégulière) ;

ii) une attestation de fourniture de déclarations sociales datant de moins de six mois (il s'agit de « l'attestation de vigilance » délivrée par l'Urssaf) ;

iii) et, lorsque le sous-traitant est tenu d'être immatriculé au Registre du commerce et des sociétés ou au répertoire des métiers, ou exerce une profession réglementée :

- un extrait de l'inscription au Registre du commerce et des sociétés (K ou K bis),

- ou une carte d'identification justifiant de l'inscription au répertoire des métiers,

- ou un devis, un document publicitaire ou une correspondance professionnelle, à condition qu'y soient mentionnés le nom ou la dénomination sociale, l'adresse complète et le numéro d'immatriculation au Registre du commerce et des sociétés ou au répertoire des métiers ou à une liste ou un tableau d'un ordre professionnel, ou la référence de l'agrément délivré par l'autorité compétente,

- ou un récépissé du dépôt de déclaration auprès d'un centre de formalités des entreprises pour les personnes en cours d'inscription (contre le travail dissimulé).

La remise de ces documents permet selon l'article D. 8222-5 du Code du travail de « considérer » l'entreprise principale de bonne foi et de présumer son ignorance de toute violation du droit par son sous-traitant.

Dès lors, seul le non-respect de ce « devoir de vérification » permet à l'inverse de supposer la connaissance par l'entreprise principale des méfaits de son sous-traitant et de la condamner[1].

2.9. Les infractions liées à l'hygiène et la sécurité

Ces infractions sont réglementées à l'article 4741-1 du Code du travail. Il peut, à titre d'exemple, s'agir du non-respect de :

- l'information et la formation des travailleurs ;
- l'aménagement des lieux de travail ;
- la prévention de certains risques d'exposition.

3. Les sanctions encourues

Outre la faculté offerte aux juges de déterminer qui est responsable, ces derniers ont également la possibilité de distinguer les responsabilités au niveau des condamnations et de condamner uniquement la personne qu'ils estiment auteure de l'infraction *(relaxe du dirigeant et condamnation de la personne morale ou l'inverse)*.

---

[1] Crim., 10.01.2017, n° 16-80.930.

S'agissant des peines, il est prévu que les personnes morales encourent le **quintuple des amendes prévues pour les personnes physiques**. Lorsqu'il s'agit d'un crime pour lequel aucune peine d'amende n'est prévue à l'encontre des personnes physiques, l'amende encourue par les personnes morales est de **1 000 000 euros**[1].

La société encourt d'autres peines complémentaires[2] : la dissolution, la fermeture temporaire ou définitive d'un établissement, voire l'interdiction d'émettre des chèques.

Les condamnations et leurs peines sont inscrites, sauf demande expresse et acceptation de la juridiction saisie, sur le casier judiciaire et ce, tant pour les personnes physiques comme pour les personnes morales.

---

1 Article 131-37 du Code pénal.
2 Article 131-39 du Code pénal.

Section 2 : La société victime d'infractions pénales

Le dirigeant, les salariés, les associés/actionnaires, voire des tiers à la société peuvent commettre des actions qui vont nuire à l'entité même de la société qui se trouvera en position de victime.

Cette dernière peut, en effet, être victime, par exemple, d'infractions financières, informatiques, environnementales ou sociales.

La société peut alors engager des actions contre les auteurs dont le but est autant d'obtenir la réparation du préjudice subi que leur condamnation pénale.

Quelles sont les infractions pénales dont l'entreprise peut être victime ?

Quels sont les moyens pour l'entreprise d'obtenir réparation du préjudice subi ?

1. Les infractions commises par les dirigeants

Certaines infractions ne peuvent être commises que par les dirigeants de la société. Il s'agit de l'abus de bien sociaux et la banqueroute.

1.1. L'abus de biens sociaux

L'abus de biens sociaux[1] consiste, pour le dirigeant d'une société, à effectuer un acte contraire à l'intérêt social de cette dernière, à des fins personnelles ou pour favoriser une autre société dans laquelle il a des intérêts.

A noter que l'auteur de cette infraction ne peut être que la personne ayant la qualité de dirigeant de la société, soit :

- le gérant d'une SARL ;
- le président, les administrateurs ou les directeurs généraux d'une société anonyme (SA) ;

---

[1] Article L241-3 4° du Code de commerce

- le gérant d'une société en commandite par actions (SCA) ;
- le président d'une société par actions simplifiées (SAS).

Pour qu'une condamnation pour abus de biens sociaux soit prononcée, des conditions doivent être respectées.

1.1.1 Les conditions matérielles

Pour que l'infraction pénale soit caractérisée, le dirigeant doit avoir engagé un acte « contraire à l'intérêt de la société » :

- concernant la nocivité à l'intérêt social, elle se caractérise par une atteinte effective au patrimoine de la société. Plus largement, il s'agit de tout risque anormal auquel la société ne devait pas être exposée.
- concernant l'acte abusif, celui-ci peut être un usage abusif des biens sociaux, du crédit de la société, des pouvoirs ou des voix :

L'usage abusif de bien sociaux

A titre d'exemple, il peut s'agir de l'utilisation des fonds, véhicules ou immeubles de la société comme si ces biens appartenaient personnellement au dirigeant. Il peut également s'agir du paiement de dettes ou d'achats personnels avec la carte bancaire de la société.

L'usage abusif du crédit

Cet acte comprend aussi bien l'utilisation de la surface financière de la société, c'est à dire sa capacité à emprunter, garantir ou cautionner, mais aussi sa réputation ou sa crédibilité. Par exemple, sera constitutif d'un abus de biens sociaux, l'invitation à des déjeuners ou des voyages sur le compte de la société dans le but d'être désigné candidat à des élections.

L'usage des pouvoirs

Le terme « pouvoir » est entendu largement, dans la mesure où il correspond à tous les droits et toutes les prérogatives dont sont investis les dirigeants sociaux par la loi et les statuts. Il peut par exemple, s'agir du fait pour le dirigeant d'éluder à son profit les règles statutaires restreignant la liberté de cession des actions aux tiers, d'organiser une fusion absorption dépourvue de toute justification économique pour la société mais avantageuse pour le dirigeant ainsi que pour d'autres sociétés dans lesquelles il est intéressé[1].

L'usage des voix

Cette pratique vise à empêcher que les mandataires sociaux, par le biais de procurations en blanc, représentent les actionnaires et votent pour eux dans les assemblées.

1.1.2. L'élément intentionnel

Pour que l'infraction soit pleinement caractérisée, il faut que l'auteur *(le dirigeant)* ait agi «volontairement», c'est-à-dire qu'il ait eu **connaissance** ou du moins **conscience que ses agissements étaient contraires à l'intérêt social de la société**.

La loi n'exige pas la preuve d'une intention de nuire. Cette connaissance ou conscience est, en effet, souvent déduite par les juges des faits matériels commis et de leurs circonstances *(dissimulation, manipulations comptables, compétences du dirigeant...)*.

A noter que **dans les groupes de sociétés**, un acte préjudiciable à une des sociétés du groupe peut ne pas être considéré comme un abus de biens sociaux si cet acte était nécessaire à l'intérêt du groupe, que le concours financier consenti n'était pas démuni de contrepartie et ne rompait pas l'équilibre entre les engagements respectifs des différentes sociétés du groupe[2].

1.2. La banqueroute

La banqueroute[3], quant à elle, correspond à des **agissements du dirigeant commis alors que la société était en état de cessation des paiements** *(état préalablement constaté par un jugement de redressement ou*

[1] Crim., 10.07.1995, n°94-82.665.
[2] Crim., 4.02.1985, n°48-91.581.
[3] Article L626-1 et suivants du Code de commerce.

liquidation judiciaire prononcé par un Tribunal de commerce ou un Tribunal judiciaire).

► Pour rappel, la société est considérée comme étant en cessation des paiements lorsqu'elle ne peut plus faire face à son passif exigible avec son actif disponible.

Le législateur a prévu différents cas de banqueroute :

► L'achat pour revente au-dessous du cours et l'emploi de moyens ruineux ;

Il peut, par exemple, s'agir du dirigeant qui souscrit des crédits excessifs, bien au-delà des capacités de remboursement de l'entreprise.

► Le détournement et la dissimulation d'actifs ;

On parle d'abus de biens sociaux post-cessation des paiements. En effet, si le dirigeant détourne ou dissipe des biens dans une société encore prospère, il commet un abus de biens sociaux, mais s'il le commet après l'état de cessation des paiements alors dans ce cas-là, il commet un délit de banqueroute.

A titre d'exemple, a été condamné le dirigeant qui verse sur son compte bancaire personnel des fonds de la société ou qui vend des biens de la société à très faible valeur à une autre société qu'il possède.

► L'augmentation frauduleuse du passif ;

L'intérêt étant généralement de dépouiller l'entreprise en difficulté en aggravant ses dettes au profit d'une autre entreprise ou société dans laquelle le dirigeant a des intérêts directs ou indirects *(société possédée par les enfants, épouses, associés...).*

Par exemple, il peut s'agir pour le gérant d'une société, d'octroyer des avances sur trésorerie à certains associés, sans contrepartie et sans autorisation de l'assemblée générale. Il en est de même, pour le fait de vendre des marchandises sans chercher à se faire payer.

► La banqueroute par voie comptable.

Dans ce cas, il s'agit d'une tenue de comptabilité fictive ou irrégulière.

2. Les infractions commises par les salariés, les associés ou les tiers

D'autres infractions peuvent être commises tant par les salariés, les associés/actionnaires *(non dirigeant)* de la société que par des tiers. Les principales infractions dont l'entreprise peut être victime sont le vol, l'abus de confiance, l'escroquerie et les infractions informatiques.

Ces infractions ne peuvent pas être commises par le dirigeant sans être qualifiées d'abus de biens sociaux.

2.1. Le vol

Le vol est défini comme étant la **« *soustraction frauduleuse de la chose d'autrui* »[1].**

Pour que l'incrimination de vol soit véritablement constituée, il faut :

- la soustraction d'une chose qui appartient à autrui,
- la volonté de soustraire cette chose.

Au niveau de l'entreprise, cette infraction sera constituée, par exemple, à chaque fois qu'une personne *(salarié ou tiers)* s'appropriera, même temporairement, un bien matériel qu'il sait appartenir à une autre personne ou à la société et ce sans autorisation de celle-ci. Il peut s'agir d'outils, de matériaux ou des éléments de stock, etc.

En droit français, **seules les choses mobilières et matérielles sont effectivement susceptibles de vol.** C'est donc le critère de la matérialité, qu'il convient de prendre en compte. Il faut avoir une appréhension matérielle sur la chose, que celle-ci puisse être déplacée.

Quid des vols par reproduction d'informations ?

La copie non autorisée de données de l'entreprise sur des supports *(photocopie, copie sur un disque dur ou une clé usb...)*, caractérise un vol. Pour exemple, les juges ont qualifié de vol le fait d'avoir copié sur un support informatique des données informatiques se trouvant sur un serveur. Une

[1] Article 311-1 du Code pénal.

telle décision peut s'expliquer par la volonté des juges de protéger les valeurs économiques dématérialisées.

Dans cette perspective, ont également été condamnés des salariés ayant photocopié des documents appartenant à leur employeur. Il a été jugé *« qu'en prenant des photocopies à des fins personnelles, à l'insu et contre le gré du propriétaire des documents, le prévenu, qui en avait la simple détention matérielle, les avaient appréhendées frauduleusement pendant le temps nécessaire à leur reproduction »*[1]. Désormais, on parle de soustraction par la seule photocopie d'un document.

Une exception a été admise par la jurisprudence quant au vol « *par photocopie* » de documents par un salarié. Cet agissement ne peut être condamné lorsque cet acte a été motivé par la ***« stricte »*** **nécessité de sa défense**[2] **dans un contexte de litige prud'homal avec son employeur.**

Il est à noter également une jurisprudence récente mais très critiquée – car en contradiction avec le principe de « corporalité » décrit ci-dessus - qualifiant également de vol le simple copiage de données[3].

2.2. Les atteintes informatiques aux « STAD »

Dans un contexte où les entreprises sont de plus en plus dépendantes de l'informatique, il faut rappeler également que peuvent être poursuivis ceux qui « accèdent » ou « se maintiennent » « frauduleusement » dans un système informatique, notamment lorsque leur action aboutit à modifier, supprimer des données ou à altérer le fonctionnement de ce système[4]. Tel est le cas par exemple du salarié qui, étant licencié pour avoir détourné des clients, efface sa session informatique – et les preuves de ses méfaits - avant de quitter les locaux de l'entreprise. Tel est également le cas du salarié qui copie, en utilisant les codes d'un collègue, des dossiers informatiques alors qu'il n'est pas ou plus habilité à y accéder[5].

---

1 Crim., 8.01.1979, n° 77-93.038.
2 Crim., 11.05.2004, n°03-80.254.
3 Crim., 20.05.2015, n°14-81.336.
4 Article 323-1 du Code pénal.
5 Crim., 03.10.2007, n°07-81.045.

2.3. L'abus de confiance

L'abus de confiance[1] est constitué quand **un salarié, un associé/actionnaire ou un tiers fait un usage abusif d'un bien matériel ou immatériel qui lui a été confié dans un but précis**.

L'abus de confiance est une forme d'appropriation frauduleuse du bien d'autrui par détournement. Alors que le vol suppose une soustraction, l'abus de confiance requiert le détournement d'une chose remise, à l'origine, volontairement par la société victime. Par conséquent, en fonction de l'origine de la possession du bien par le salarié, l'associé ou le tiers *(bien confié ou non)* et de sa nature *(bien matériel ou immatériel)* une « appropriation frauduleuse » de ce bien pourra être qualifiée de vol ou d'abus de confiance.

Dans l'abus de confiance, l'auteur détient donc la chose de manière parfaitement régulière. La remise doit être volontaire et précaire : *« l'abus de confiance ne peut porter que sur des fonds, valeurs ou bien remis à titre précaire »*[2].

L'abus de confiance est caractérisé par trois éléments constitutifs : un détournement, un préjudice et une intention.

2.3.1. Le détournement

Le détournement **consiste à empêcher la victime d'exercer ses droits sur le bien confié.** Les modalités du détournement peuvent être variées :

- un usage abusif ;

Il s'agit là d'un usage autre que celui déterminé par un contrat, par la loi, le règlement ou une décision de justice et accepté à l'origine par l'auteur. Par exemple, il a été jugé que le simple fait pour un salarié d'user de son temps de travail pour effectuer des tâches pour un autre emploi était un abus de confiance[3]. Il en est de même pour un salarié qui utilise par exemple les machines de son entreprise à son bénéfice personnel

---

[1] Article 314-1 du Code pénal.
[2] Crim., 19.09.2007, n° 06-86.343.
[3] Crim., 19.06.2013, n°12-83.031.

(ex : machine à affranchir le courrier), internet[1] ou encore les fichiers clients, dès lors que cette utilisation n'a pas été autorisée.

- un retard dans la restitution ;

- le refus de restituer ;

Ainsi, pourrait être qualifiée dans certains cas d'abus de confiance, l'attitude du chef d'entreprise qui louerait du matériel pour une période d'une semaine mais après ce délai refuserait de le restituer.

- l'impossibilité de restituer *(une disparition, vente, donation ou la destruction de la chose)*.

2.3.2. Préjudice

Lorsqu'elle est propriétaire, le préjudice résulte du seul fait que la société se trouve privée de ses droits sur cette chose[2]. Le préjudice pouvant être matériel ou moral, actuel ou éventuel.

2.3.3. Intention

La preuve d'une intention frauduleuse est requise. L'auteur devait savoir ou du moins avoir conscience d'agir en contradiction avec l'usage convenu. Néanmoins, les juges admettent que la preuve de l'intention se fasse par déduction des circonstances[3].

2.4. L'escroquerie

L'escroquerie[4] est constituée par un acte de tromperie dont le but est de permettre à l'escroc d'obtenir la remise de fonds, des valeurs ou un bien quelconque, la fourniture d'un service ou le consentement à un acte opérant obligation ou décharge.

---

[1] Crim., 19.05.2004, n°03-83.953.
[2] Crim., 15.05.1968, n°67-91.368.
[3] Crim., 11.02.1981, n°80-90.972.
[4] Article 313-1 du Code pénal.

2.4.1. Les actes de tromperie

Ils se concrétisent par :

► l'usage d'un faux nom *(usurpation d'identité, invention de nom)* ;

► l'usage d'une fausse qualité *(état civil, profession, situation sociale)* ou l'abus d'une qualité vraie ;

► l'emploi de manœuvres frauduleuses tel que l'emploi de documents, vrais ou faux, intervention d'un tiers, complice ou non, mises en scène, trucage, manipulation.

2.4.2. La tromperie

Le but de cette infraction est de tromper la victime d'escroquerie, de lui faire croire quelque chose d'inexact : une situation fausse, un pouvoir ou un crédit imaginaire, etc.

2.4.3. La remise d'un bien

Le but de la tromperie est d'obtenir que la victime remette à l'escroc des fonds ou biens *(mobiliers ou immobiliers, matériels ou immatériels)* ou fournisse des services ou consente des actes opérant obligation ou décharge.

2.4.4. Le préjudice

La société sera victime dès lors qu'elle était propriétaire du bien, service ou acte. Ce préjudice découle du simple fait d'avoir été abusé, en dehors de toute considération pécuniaire[1].

Il a été admis qu'une société peut être considérée comme victime si un de ses salariés détourne un bien confié à son employeur. Dans ce cas, le propriétaire de ce bien sera la première victime mais la société souffrira également d'un préjudice d'image ou financier, l'autorisant à agir contre ce salarié au pénal.

---

[1] Crim., 28.01.2015, n°13-86.772.

CHAPITRE 3

La gestion offensive : agir et réagir, les moyens d'action de la société et de son représentant

Section 1 : La société poursuivie en justice

La procédure pénale se divise en différentes phases qui entraînent l'intervention d'autorités aux compétences et pouvoirs précis : les Inspecteurs du travail, les officiers de police judiciaire, le Procureur de la République.

1. La phase d'enquête

Avant toute poursuite pénale, la phase d'enquête est un préalable nécessaire.

1.1. Le lancement d'une procédure

Dans la pratique, la procédure pénale est souvent engagée après dénonciation auprès de l'inspection du travail ou des policiers ou après le dépôt d'une plainte auprès des services de police ou du Procureur de la République. Le constat des infractions peut également être directement effectué par l'Inspecteur du travail ou les policiers.

- **Lorsque la dénonciation ne concerne que des agissements de l'entreprise concernant le droit du travail,** la procédure est en priorité menée par l'inspection du travail[1]. A l'issue de son enquête l'Inspecteur du travail ouvre une discussion avec le Procureur de la République afin de décider des poursuites à mettre en œuvre : amendes, obligations imposées par l'inspection du travail, poursuites judiciaires menées par le Parquet.
- Lorsque la dénonciation ou la plainte est effectuée devant les services de police ou le Parquet, tout va dépendre des faits. Si le Procureur de la République estime la plainte étayée, une enquête dite *« préliminaire »* est ouverte. Dans le cadre de cette enquête, les services de l'inspection du travail peuvent également être sollicités pour avis.

---

[1] Les services de l'inspection du travail peuvent solliciter l'intervention des services de police à leurs côtés mais chaque service doit intervenir suivant les règles procédurales qui lui sont applicables, sous peine de nullité de procédure. CF David Marais, « *Nous ne sommes pas des ouvres-boites* », La semaine juridique Social, n°48, 26.11.13, act. 466.

- **En cas d'accident du travail,** les services de police et l'inspection du travail interviennent généralement concomitamment dès la survenance de celui-ci.

- **Lorsque les services de police constatent une infraction qui vient de se commettre,** dans les conditions décrites ci-après, ceux-ci peuvent agir en « flagrant délit », ce qui leur donne des pouvoirs de contrainte accrus[1].

1.2. Les pouvoirs de l'inspection du travail

L'Inspecteur du travail dispose des pouvoirs suivants :

- entrer dans tout local professionnel à tout moment ;
- enquêter, c'est-à-dire inspecter tout matériel, local, produit, poste de travail qu'il juge utile d'examiner ;
- interroger toute personne qu'il estime en lien avec l'infraction ;
- obtenir la communication de l'ensemble des documents obligatoires selon le Code du travail ou par la réglementation liée à ce droit2 et plus généralement tout document ou tout élément d'information, quel qu'en soit le support, utile à la constatation de faits susceptibles de vérifier le respect de l'application des dispositions légales et réglementaires du Code du travail relatives à la discrimination, l'égalité, le droit syndical : la santé et la sécurité au travail ainsi qu'en matière de harcèlement moral ou sexuel ;
- procéder à l'audition libre de toute personne susceptible d'avoir commis une infraction, dans les mêmes conditions que la police[3].

1.3. Les pouvoirs de la police

Les services de police peuvent, en premier lieu, procéder à une **perquisition.** Il s'agit de l'entrée dans les lieux où se déroule l'infraction et où sont situés les possibles auteurs. Elle ne peut avoir lieu qu'entre 6h et 21h.

---

1 Article 53 du Code de procédure pénale.

2 Registre du personnel, des salaires, contrôles techniques, registres médicaux etc.

3 Article L8271-6-1 du Code du travail.

Les entreprises sont protégées comme des domiciles[1]. Par conséquent, pour une perquisition réalisée au sein d'une entreprise, les policiers ne peuvent pas entrer dans les locaux professionnels sans autorisation du dirigeant[2] sauf en cas de flagrant délit visible de l'extérieur[3] ou signalé de l'intérieur[4] ou sur autorisation *(en cas d'indice de travail dissimulé sur décision du président du tribunal judiciaire, sur réquisitions écrites du parquet par exemple).*

Les services de police peuvent également procéder à toute **saisie de matériel ou objet utile à l'enquête**. Ils peuvent également **entendre toute personne en lien avec l'infraction** témoins ou experts *(inspecteur URSSAF, inspecteur des impôts, etc.).*

Les services de police peuvent **mettre en garde à vue le suspect** aux fins de le questionner et de protéger les preuves.

La personne retenue doit être informée de la qualification, de la date et du lieu présumé de l'infraction qu'elle est soupçonnée avoir commise ou tenté de commettre et des motifs de sa garde à vue.

La durée de droit commun de la garde à vue est de 24h, renouvelable une fois sur décision du Procureur de la république. Lors du placement sous contrainte et du renouvellement de cette mesure, le gardé à vue doit se voir notifier plusieurs droits qu'il peut exercer à tout moment :

- ► droit à un entretien avec un avocat dès la première heure et à son assistance pendant les interrogatoires ;
- ► droit à être vu par un médecin ;
- ► droit à un appel ;
- ► droit au silence.

La personne suspectée peut également faire l'objet d'une **audition libre**. Il s'agit d'une autre procédure permettant de questionner toute personne suspecte au sein des locaux de police. Si les droits de la personne auditionnée sont relativement les mêmes qu'en garde à vue *(droit de connaître ce qui est reproché, droit à un avocat, droit au silence…)*, dans ce cas, le suspect a le droit de quitter ces locaux à tout moment.

---

[1] Cons. Constit., 29.12.1983, n° 89-164 DC.

[2] Crim., 24.06.1987, n° 87-82.333, CEDH, 16.04.2002, Colas c/ France, Rec. 2002-III.

[3] Crim., 02.05.2007, n° 07-81.517.

[4] Crim., 07.03.2000, n°99-16.104.

A noter : Dans le cadre des infractions liées au monde des affaires, les personnes suspectes sont la plupart du temps convoquées plutôt qu'interpelées, et interrogées sous le régime des auditions libres plutôt qu'en garde à vue. Dès lors, cela laisse l'opportunité au représentant de la société convoqué au nom de celle-ci de préparer avec soin sa défense *(discussion avec un conseil, préparation des documents adéquats, rassemblement de preuves ou témoignages).*

2. La phase de poursuite

L'enquête terminée, le Procureur de la République va devoir décider de l'opportunité d'engager des poursuites et de l'orientation de celles-ci. Il peut :

- classer la plainte sans suite ;
- ouvrir une « information judiciaire » (l'instruction) ;
- orienter la plainte vers une juridiction de jugement ;
- orienter la plainte vers une procédure simplifiée telle que la comparution immédiate ou la comparution sur reconnaissance préalable de culpabilité (Cf. infra) ;
- orienter la plainte vers des mesures alternatives telle que la composition pénale ou la médiation pénale.

3. La (potentielle) phase d'instruction

Dans certains cas, notamment lorsque l'affaire est compliquée, l'enquête est confiée à un juge, le juge d'instruction[1]. Il est chargé *« d'informer »* à charge et à décharge aux fins **de découvrir les preuves de la commission d'une infraction et de la participation des suspects comme auteurs.**

Dans le cadre de cette recherche de la *« vérité »* le juge d'instruction dispose de moyens de contrainte sur les personnes impliquées, tels que :

- la délivrance d'un mandat de recherche, de comparution, d'amener ou d'arrêt ;
- la mise en examen du suspect ;

[1] Article 79 et suivants du Code de procédure pénale.

- l'établissement d'un interrogatoire, d'une reconstitution ;
- la désignation de tout expert utile ;
- engager des écoutes téléphoniques ou interceptions de télécommunication ;
- ordonner un contrôle judiciaire, une assignation à résidence sous surveillance électronique ;
- demander au juge des libertés et de la détention une détention provisoire.

Il peut aussi demander à la police ou à la gendarmerie de procéder à certains actes à sa place. Il les saisit grâce à une commission rogatoire[1].

La défense n'est pas totalement démunie puisqu'elle peut :

- apporter tout argument de défense devant le juge ;
- demander des investigations[2] ;
- faire des observations à tout moment et au plus tard lors de la clôture de l'information ;
- solliciter la nullité de tout ou partie de la procédure devant la chambre de l'instruction.

4. La phase de jugement

A la suite de l'enquête de police ou de l'instruction, l'autorité de poursuite peut également saisir une juridiction de jugement. Qu'elle se déroule devant le Tribunal de police *(jugeant les contraventions)* ou devant le Tribunal correctionnel *(jugeant les délits)*, l'audience répond aux mêmes exigences procédurales.

Au préalable, la défense doit avoir accès à la procédure dans son ensemble dans un temps suffisant pour se préparer avant l'audience.

La défense peut ensuite, dès l'ouverture du procès, soulever des nullités de procédure, lorsque des éléments de celle-ci ne respectent pas la loi. Elle peut également, lorsqu'un texte de loi n'est pas conforme aux garanties constitutionnelles – et que la problématique est nouvelle et sérieuse – soulever une question prioritaire de constitutionnalité[3].

---

1 Article 151 du Code de procédure pénale.
2 Article 82-1 du Code de procédure pénale.
3 Article 61-1 de la Constitution et loi organique du 10 décembre 2009.

Au cours des débats, le conseil de la société peut intervenir à tout moment et poser des questions à toute personne de son choix *(plaignant, témoins, co-prévenu, son client…)*. La parole est toujours donnée en dernier lieu au prévenu.

Une fois le jugement rendu, il est possible de faire appel. La Cour d'appel rejuge complètement, en fait et en droit, le dossier. A l'inverse, la Cour de cassation ne peut être saisie après appel que sur des questions de droit.

Le cas particulier de la Comparution sur Reconnaissance Préalable de Culpabilité

La « CRPC » est une procédure ouverte à l'issue de l'instruction ou directement sur décision du Parquet, dès lors que la personne poursuivie accepte de « plaider coupable ». Cette procédure exclut notamment les délits d'atteintes volontaires et involontaires à l'intégrité des personnes lorsqu'ils sont punis d'une peine d'emprisonnement d'une durée supérieure à cinq ans et les homicides involontaires.

L'intérêt de cette procédure est double : d'une part, en contrepartie de l'admission de sa « culpabilité », la personne poursuivie bénéficie d'une peine plus faible. D'autre part, cette procédure offre beaucoup de discrétion. En effet, la proposition est effectuée et discutée lors d'une audience non publique, à l'exception de l'accord conclu étant dans un second temps évoqué lors d'une audience publique dite « d'homologation ».

COMPRENDRE UNE PROCEDURE PENALE : VUE D'ENSEMBLE

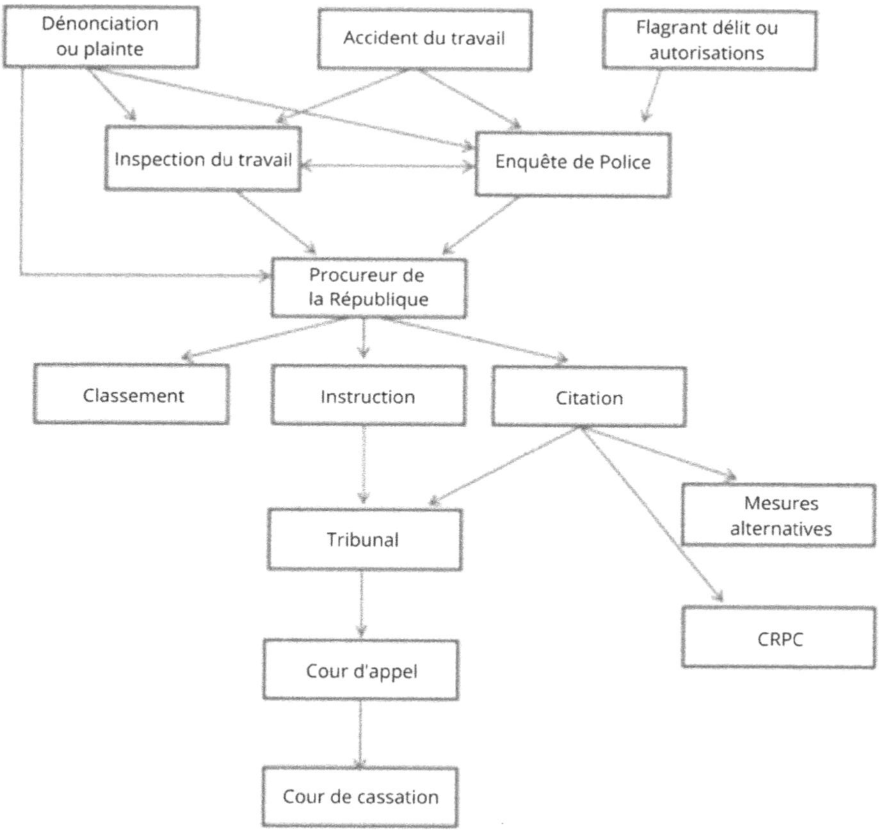

Section 2 : Les recours de la société victime

Face aux indisciplines, violations de la réglementation ou infractions pénales commises contre ses intérêts, la société doit agir contre le fautif.

Lorsque le comportement dont elle est victime provient de tiers à la société, seule une action judiciaire lui est ouverte.

Lorsque ce comportement est l'œuvre d'un salarié, une action disciplinaire s'ajoute aux actions judiciaires.

1. Agir en interne : les sanctions disciplinaires

Pendant toute la durée de son contrat de travail, le salarié est placé sous l'autorité de son employeur et doit respecter les règles applicables dans l'entreprise. S'il ne respecte pas cette discipline, il encourt des sanctions qui le frappent dans sa vie professionnelle.

> A noter : Il est cependant interdit de sanctionner un salarié pour un agissement relevant totalement de sa vie privée et n'ayant aucun lien avec l'entreprise.

L'article L1331-1 du Code du travail définit très largement les fautes et sanctions disciplinaires :

- La faute est ainsi définie comme « un agissement [professionnel] du salarié considéré par l'employeur comme fautif ». Peu importe que cet agissement ait été expressément interdit ou non au préalable par un texte interne. Il peut s'agir de la violation du règlement intérieur ou du contrat de travail, l'insubordination ou la désobéissance, le manquement aux obligations de sécurité, aux usages et aux règlementations professionnelles, etc.

  Pour déterminer la nature et la gravité de la faute, il est fortement recommandé, voire obligatoire pour les entreprises de plus de 20 salariés, de mettre en place un règlement intérieur.

- **La sanction** est définie comme ***« toute mesure, autre que les observations verbales (...) de nature à affecter immédiatement ou non la présence du salarié dans l'entreprise, sa fonction, sa carrière ou sa rémunération ».*** Il peut s'agir, par exemple, d'un blâme ou avertissement, d'une mise à pied, d'une rétrogradation, d'une mutation, voire d'un licenciement.

En fonction de la faute commise, le salarié encourt des sanctions plus ou moins graves. On distingue la sanction légère de la sanction lourde. La première se caractérise par un simple avertissement, elle précède et prévient généralement le salarié d'une sanction plus lourde en cas de récidive.

Pour que la sanction disciplinaire soit juridiquement considérée, elle doit être :

- **écrite**, une simple réprimande orale n'est donc pas une sanction au sens du droit du travail;
- **proportionnée** aux faits reprochés au salarié.

Un certain nombre de sanctions sont interdites : les sanctions sous forme d'amende, les sanctions discriminatoires, les sanctions prises dans le cadre du droit de grève du salarié sont strictement condamnées.

1.1. La procédure disciplinaire[1]

Pour pouvoir sanctionner un salarié, **l'employeur doit respecter scrupuleusement une procédure** qui débute par la convocation de l'employé lors d'un entretien préalable.

A partir du moment où l'employeur prend connaissance de la faute[2], il dispose d'un **délai de deux mois pour sanctionner le salarié.** Il convoque alors le salarié à un entretien préalable en lui précisant l'objet de la convocation. Au cours de l'entretien, l'employeur indique le motif de la sanction envisagée et recueille les explications du salarié. Lors de son audition, le salarié peut se faire assister par une personne de son choix appartenant au personnel de l'entreprise.

---

[1] Article L1332-2 du Code du travail.

[2] Article L1332-4 du Code du travail

L'entretien préalable est obligatoire dès lors que la sanction affecte la fonction, la rémunération, la carrière ou la présence du salarié dans l'entreprise.

Après l'entretien, l'employeur doit adresser une notification écrite au salarié mentionnant la sanction et les motifs retenus. La sanction ne peut intervenir moins de deux jours ouvrables, ni plus d'un mois après le jour fixé pour l'entretien. Elle est motivée et notifiée à l'intéressé.

En cas de non-respect de la procédure disciplinaire, la sanction sera nulle.

1.2. La contestation de la sanction

Le salarié peut contester la sanction disciplinaire par une lettre à son employeur. Le salarié peut également saisir le Conseil des prud'hommes. Il appartiendra à la juridiction saisie de vérifier que la procédure a bien été suivie et que les faits reprochés au salarié méritaient bien une sanction.

1.3. L'indépendance des procédures

La procédure disciplinaire est indépendante de l'action civile *(Cf. Infra)*. Le déclenchement de la procédure disciplinaire n'empêche pas l'engagement concomitant ou postérieur de l'action civile devant les tribunaux. Elle en est même bien souvent un préalable utile voire nécessaire.

1.4. Les intérêts du maintien de la discipline

Faire respecter une discipline dans la société est à la fois nécessaire pour que l'ordre règne au sein de l'entreprise mais aussi parce que s'il apparait en cas d'infraction ou d'accident, commis par un salarié que le comportement de celui-ci n'était pas conforme mais n'avait jamais été sanctionné, la société pourra engager sa responsabilité civile et/ou pénale pour cette négligence.

2. Agir en externe : les actions judiciaires

Lorsque la société est victime d'une infraction, elle **a le choix entre plusieurs options pour exercer son action – dite « action civile » - pour tenter d'obtenir la réparation et/ou la condamnation de l'auteur.**

L'action civile de la société sera menée par son dirigeant en son nom, sauf si le dirigeant est lui-même l'auteur de l'infraction. Dans ce cas, la personne morale peut être représentée par un mandataire ad hoc ou par un associé-actionnaire.
Le but des différentes options et la nécessité d'agir en urgence seront déterminants dans le choix de la procédure.

2.1. Le volet pénal : l'action civile exercée devant les juridictions pénales

Lorsque l'entreprise choisit la voie pénale, « *l'action publique* » est déclenchée. **Le but étant alors d'obtenir tant la condamnation pénale de l'auteur de l'infraction** *(amende, emprisonnement, etc..)* que de permettre à la société victime de réclamer une indemnisation.

L'article 2 du Code de procédure pénale limite cette action **aux personnes, physiques ou morales, qui ont « personnellement et directement » souffert de l'infraction**. Ceci implique donc pour une personne morale que ce soit bien son patrimoine, son image ou ses intérêts qui ont été touchés.

Il est nécessaire de bien considérer qui est la réelle victime afin de ne pas se voir opposer une irrecevabilité procédurale. Par exemple, la personne morale de la société ne saurait demander des dommages et intérêts pour des détournements de fonds commis par un salarié alors que ces fonds avaient été confiés à celui-ci par le dirigeant sur son patrimoine personnel et non par la société sur le patrimoine social. Dans cette hypothèse, seul ce dirigeant avait été dépouillé et donc victime. L'irrecevabilité de l'action de la société était donc inévitable.

Lorsque la société décide de lancer son action civile au pénal, cela va entraîner une série d'étapes qu'il convient de maîtriser.

2.1.1. La préparation du dossier

La première étape à mettre en œuvre, face à un comportement fautif, est la préparation du dossier. Il s'agit d'identifier le fautif, de déterminer actuellement voire juridiquement l'acte en cause, de collecter la preuve de celui-ci et le cas échéant d'estimer le montant du préjudice.

2.1.2. La plainte

Le dirigeant ou toute autre personne munie d'un pouvoir du dirigeant et d'un k-bis peut porter plainte au nom de la société.

Cette plainte peut être effectuée directement devant les services de police ou devant le Procureur de la République par une plainte écrite. Il est conseillé d'adresser directement sa plainte au Procureur de la République afin d'éviter une perte de temps. En effet, les services de police transfèrent les plaintes au Procureur.

2.1.3. L'enquête

Une fois la plainte déposée, le Procureur de la république peut, s'il estime celle-ci justifiée, entamer une enquête confiée – lorsque les faits sont simples et sans grande gravité – à la police ou – lorsque les faits sont complexes ou sont qualifiés de crime – à un juge d'instruction.

2.1.4. Le suivi de la procédure

Après une phase d'enquête qu'il dirige, le procureur de la République prend librement une décision sur l'action publique, en vertu du principe de l'opportunité des poursuites :

- il peut classer l'affaire sans suite, si elle ne lui semble pas mériter de traitement judiciaire ;
- il peut saisir un juge d'instruction si l'affaire est grave ou complexe et nécessite une enquête approfondie ;
- il peut saisir une juridiction de jugement, s'il estime que les faits sont constitutifs d'une infraction ;
- il peut enfin mettre en œuvre une solution dite de troisième voie, qui constitue une alternative aux poursuites : le classement de l'affaire est alors soumis au respect par le mis en

cause de certaines conditions *(rappel à la loi, participation à une médiation, paiement d'une somme à titre de composition pénale, etc.).*

Le procureur évalue seul l'opportunité des poursuites.

En cas de désaccord avec le choix du Parquet, la victime *(la société)* ne perd pas tout moyen d'action. Ainsi, malgré un classement sans suite, la société peut poursuivre son action, soit par la saisine directe d'un juge d'instruction - sous forme de plainte avec constitution de partie civile, soit par la saisine directe du Tribunal correctionnel - par « *citation directe* ».

2.1.5. L'audience

A l'issue de l'enquête ou de l'instruction, une juridiction de jugement peut être saisie, l'affaire pourra alors être jugée. La société peut alors :

- accéder au dossier pénal ;
- donner son avis sur les éléments procéduraux pouvant être soulevés par la défense ;
- apporter tout élément de preuve ;
- présenter les préjudices subis et ses demandes indemnitaires consécutives ***(après expertise de ceux- ci le cas échéant).***

Pour aller plus loin :
Régime particulier pour les lanceurs d'alerte

Depuis la loi dite *« Sapin II »* du 9 décembre 2016, les lanceurs d'alerte bénéficient d'un *« fait justificatif »* spécial énoncé au nouvel article 122-9 du Code pénal selon lequel *« n'est pas pénalement responsable la personne qui porte atteinte à un secret protégé par la loi, dès lors que cette divulgation est nécessaire et proportionnée à la sauvegarde des intérêts en cause, qu'elle intervient dans le respect des procédures de signalement définies par la loi et que la personne répond aux critères de définition du lanceur d'alerte prévus à l'article 6 de la loi n° 2016-1691 du 9 décembre 2016 »*. Ils ne peuvent donc être poursuivis ou sanctionnés.

2.2. Le volet civil : l'action civile exercée devant les juridictions civiles

L'action civile est exercée par la victime d'une infraction devant les juridictions civiles à des fins uniquement indemnitaires.

Il s'agira ici pour la société victime des agissements de ses salariés, de son dirigeant ou de tiers d'obtenir des dommages et intérêts réparant son préjudice. Elle se mène devant :

- le Tribunal judiciaire si le fautif est tiers à la société ;
- le Tribunal de Commerce si le fautif est un membre de la société *(dirigeant, administrateur, actionnaire, associés) ;*
- le Conseil des Prud'hommes si le fautif est un salarié.

Le choix de la juridiction civile empêche de saisir la juridiction pénale des mêmes faits. Il est donc nécessaire de bien déterminer le but de l'action *(indemnisation uniquement ou indemnisation et sanction)* avant de choisir la procédure *(civile ou pénale).*

2.3. Les procédures d'urgence

En parallèle des procédures pénales ou civiles, peuvent être engagées des procédures d'urgence notamment à des fins conservatoires : saisies de comptes bancaires, saisie de biens, de parts sociales, arrêt de travaux, désignation de mandataires *ad hoc,* etc. Ces procédures sont du ressort du juge des référés de la juridiction compétente *(Tribunal judiciaire, Tribunal de commerce, Conseil des prud'hommes).*

POSTFACE

Les Etats, comme les grandes entreprises, ont compris que le droit était une arme de guerre économique.

Qu'il s'agisse par exemple des Etats Unis « nos alliés américains »[1] - qui sont en réalité aussi nos concurrents – ou de la Chine – qui développe son National Capitalisme Autoritaire – la France et l'Europe ne peuvent subir et il est nécessaire de s'armer par la compliance ou une régulation similaire aux lois de ces états. C'est notamment le but de la loi Sapin II et de la création de l'Agence anticorruption (AFA)[2].

Une telle approche, méritante et indispensable, doit cependant dépasser le seul cadre de la corruption.

En effet, d'une part, les entreprises ne peuvent se limiter à la prévention de l'anticorruption, là où il faut bien sûr une prévention de l'ensemble des risques, notamment en matière pénale (fraude, HSE, cyber, environnement, consommation, santé, etc.) comprise dans une évaluation globale des risques légaux de l'entreprise.

D'autre part, l'avocat de manière générale, et le pénaliste en particulier, est trop souvent appelé quand la difficulté apparaît : une faute, une infraction, a été subie ou commise. Il y a une sorte de dichotomie chronologique entre le préventif des professionnels du secteur (auditeurs, professionnels du HSE, risk manager, service compliance, etc.) et le curatif, réservé aux avocats. Cette dichotomie est une erreur aussi globale chez les acteurs du secteur que pénalisante.

Car, bien sûr, le préventif et le curatif, notamment du risque pénal, sont liés ; les deux doivent être regroupés dans une catégorie plus générale : les « *moyens de la gestion du risque pénal* », dont la maîtrise complète - de l'audit à l'audience - permet une gestion à 360° du risque.

---

[1] « *Sous couvert de lutte contre le terrorisme, l'extraterritorialité du droit américain est une arme de guerre économique* », Le Monde 30.12.19 ; *Les Objectifs du projet de loi Sapin II*, Cahiers de droit de l'entreprise n° 3, Mai 2016, entretien 3.

[2] Le piège américain, F. Pierrucci, M. Aron, Latès, 2019 ; *Rétablir la souveraineté de la France et de l'Europe et protéger nos entreprises des lois et Mesures à portée extraterritoriale*, Rapport au Gouvernement sous la dir. de M. Gauvain, 26.06.2019 ; *L'éthique et la conformité dans les entreprises françaises : état des lieux d'un outil de guerre économique*, V. Fauvel, Portail de l'IE, 27.01.2021.

En effet, prévenir le risque d'infractions sans la vision globale des infractions à éviter ni la connaissance de la pratique de l'avocat et du droit n'est pas cohérent. Tout autant ne pas s'occuper, quand on est avocat, de la prévention ou ne pas collaborer avec les techniciens du risque et/ou les services et moyens de protection existants - comme la compliance - pour plaider une absence de faute ou atténuer la responsabilité pénale, est également incomplet.

L'enquête interne, la collecte de renseignements, nécessitent également un encadrement juridique, souvent oublié, et donc l'avis d'un spécialiste, tout comme l'avocat peut avoir besoin, concernant son client et/ou son adversaire, d'informations utiles à sa stratégie.

Ainsi, la compliance et le droit pénal de l'entreprise sont plus qu'interdépendants, ils sont interconnectés.

Et s'il devait exister un « découpage », ce serait plutôt, selon des termes empruntés au langage militaire, par la forme d'engagement de ces moyens « fusionnés », interconnectés, de la gestion du risque pénal : l'offensive et la défensive.

Ainsi, en pratique, les moyens (compliance et droit pénal des entreprises ainsi fusionnés) de la gestion du risque pénal vont être engagés :

a) Défensivement, sous trois formes :

i) la prévention : prévenir le risque pénal, pour éviter qu'il ne survienne, c'est d'abord le comprendre (par la formation), le détecter (par l'audit et l'investigation notamment dans le cadre des lois SAPIN II), le conscientiser (par la cartographie), puis mettre en place des solutions (risk manager, guideline, compliance…) ;

ii) la protection : avec le triptyque vigilance (veille risque réputationnel, cyber, personnel sensible), surveillance (vidéoprotection, internet, badges…), prévoyance (délégation de pouvoirs…), permettant de diminuer la survenance du risque ;

iii) la défense : en cas de survenance du risque, lorsque la société ou le dirigeant sont attraits devant les juridictions pénales, afin d'éviter ou d'amoindrir la condamnation.

b) Offensivement, sous deux angles :

i) attaquer : en vue de la fragilisation de la position d'un adversaire, d'un concurrent ou d'une cible ;

ii) contre-attaquer : par le déclenchement de procédure pénale contre tout agresseur, interne ou externe, voire, là encore, pour décrédibiliser, fragiliser ou allumer des contre-feux.

C'est ce que l'ouvrage « de l'audit à l'audience » confirme en plaçant l'avocat au centre du cercle dangereux de l'évaluation et de la gestion à 360° des facteurs de risques légaux de l'entreprise, ici sous l'angle pénal.

Jean-Charles SIMON,
Avocat, Simon Associés.

L'auteur souhaite remercier :
la FIEEC et Madame Marine Toque pour m'avoir lancé sur la première version de ce qui est devenu ce livre ; ceux et celles qui m'ont accompagné tout au long de ce travail, notamment Françoise Dupont ; le cabinet Simon Associés et notamment Jean-Charles Simon ; Jean-Pierre Raffarin et Serge Degallaix ; et enfin mon épouse pour son soutien.

Table des matières

Structures éditoriales du groupe L'Harmattan

L'Harmattan Italie
Via degli Artisti, 15
10124 Torino
harmattan.italia@gmail.com

L'Harmattan Hongrie
Kossuth l. u. 14-16.
1053 Budapest
harmattan@harmattan.hu

L'Harmattan Sénégal
10 VDN en face Mermoz
BP 45034 Dakar-Fann
senharmattan@gmail.com

L'Harmattan Cameroun
TSINGA/FECAFOOT
BP 11486 Yaoundé
inkoukam@gmail.com

L'Harmattan Burkina Faso
Achille Somé – tengnule@hotmail.fr

L'Harmattan Guinée
Almamya, rue KA 028 OKB Agency
BP 3470 Conakry
harmattanguinee@yahoo.fr

L'Harmattan RDC
185, avenue Nyangwe
Commune de Lingwala – Kinshasa
matangilamusadila@yahoo.fr

L'Harmattan Congo
67, boulevard Denis-Sassou-N'Guesso
BP 2874 Brazzaville
harmattan.congo@yahoo.fr

L'Harmattan Mali
ACI 2000 - Immeuble Mgr Jean Marie Cisse
Bureau 10
BP 145 Bamako-Mali
mali@harmattan.fr

L'Harmattan Togo
Djidjole – Lomé
Maison Amela
face EPP BATOME
ddamela@aol.com

L'Harmattan Côte d'Ivoire
Résidence Karl – Cité des Arts
Abidjan-Cocody
03 BP 1588 Abidjan
espace_harmattan.ci@hotmail.fr

Nos librairies en France

Librairie internationale
16, rue des Écoles
75005 Paris
librairie.internationale@harmattan.fr
01 40 46 79 11
www.librairieharmattan.com

Librairie des savoirs
21, rue des Écoles
75005 Paris
librairie.sh@harmattan.fr
01 46 34 13 71
www.librairieharmattansh.com

Librairie Le Lucernaire
53, rue Notre-Dame-des-Champs
75006 Paris
librairie@lucernaire.fr
01 42 22 67 13

www.ingramcontent.com/pod-product-compliance
Lightning Source LLC
LaVergne TN
LVHW010943051026
849532LV00003B/1112
* 9 7 8 2 3 4 3 2 5 5 0 1 9 *